Ernst Wrba

Südtirol

Radeln für die Seele

15 Wohlfühltouren

Alle Touren auf einen Blick

WEITBLICKE

GENUSS

ERFRISCHUNG

Seiser Alm

Liebe Radlerinnen und Radler,

herzlich willkommen zu einer Reise voller **Entspannung,** Genuss und unvergesslicher Fahrraderlebnisse durch das malerische Südtirol! Tauchen Sie mit mir ein in eine Welt der majestätischen Alpenpanoramen, idyllischen Weinberge, **stillen** Bergwälder und bunten Almwiesen. Lassen Sie sich verzaubern von **malerischen** Städten und Dörfern, romantischen Burgen und Schlössern, mittelalterlichen und barocken Kirchen und Klöstern. Die Touren, die ich in diesem Buch für Sie zusammengestellt habe, führen zu versteckten **Schätzen, charmanten** Weingütern und traditionellen Gasthöfen, wo Sie die einzigartige Südtiroler Gastronomie mit dem Besten aus österreichischer und italienischer Küche auf höchstem Niveau entdecken können.

NATUR

KULTUR

GENUSS

TOUR

GPS-Tracks zum Download

Südtirol bietet wunderschöne Strecken in flachen Tälern, aber auch spannende Touren in die Bergwelt, die mit elektrischer Unterstützung oder etwas mehr Muskeleinsatz für jedermann problemlos zu fahren sind. Dank eines hervorragend ausgebauten Bahnnetzes kann man bei vielen Streckentouren bequem das Rad zum Startpunkt mitnehmen. Wer nicht mit dem eigenen Rad unterwegs ist, profitiert von den zahlreichen Verleihstationen im ganzen Land.

Nutzen Sie das Buch als Reiseführer und lassen Sie sich von der Atmosphäre Südtirols **verzaubern.** Entspannte genuss- und erlebnisreiche Touren wünscht Ihnen

Ernst Wrba

AUF TALFAHRT

Vom Brennerpass nach Brixen

Um zum Radweg zu gelangen, verlassen wir das Bahnhofsgebäude **Brenner** über den Haupteingang. Direkt gegenüber befindet sich die nette kleine Bar Brenner Center, in der man auch frühstücken kann. Rechts davon führt eine kleine Gasse zur **St.-Valentin-Straße,** die nach der linker Hand auf immerhin 1370 Metern Höhe liegenden kleinen Kirche benannt ist. Rechts liegt das Outlet Center mit Fahrradverleih. Wir fahren hier ein paar Meter nach links und biegen vor der Kirche dem braunen Radwegweiser Richtung **Sterzing** folgend rechts ab. Wir erreichen einen **Parkplatz,** der für die mit dem Auto angereisten Radler ideal ist. Am Ende des Parkplatzgeländes beginnt hinter einer kleinen Holzbrücke der Radweg. Rechts von uns sprudelt das Wasser der noch jungen Eisack, deren Quelle sich ganz in der Nähe befindet, die Felsen hinab. Sie fließt in südlicher Richtung im Wipptal durch Sterzing und ab Franzensfeste im Eisacktal durch Brixen, um nach 100 Kilometern bei Bozen in die Etsch zu münden.

Wer ohne eigenes Rad anreist, kann im Ort Brenner eines mieten und in Brixen zurückgeben: ***Fahrradverleih Schölzhorn Sport,*** *Designer Outlet Brennero, St.-Valentin-Straße 9 a, www.suedtirol-rad.com.*

Die nächsten 5 Kilometer radeln wir entspannt mit nur leichtem Gefälle auf dem bestens asphaltierten Radweg neben der Staatsstraße 12, die hier zunächst parallel zur Bahnlinie und der Brennerautobahn verläuft. In **Brennerbad** überqueren wir auf einer modernen Brücke die Bahnlinie, die kurz danach im Pflerschtunnel verschwindet. Am Ende der Brücke steht links der Straße die Maria-Hilf-Kapelle aus der Zeit des Nobeltourismus um 1900, als hier unzählige Berühmtheiten in prachtvollen Grandhotels abstiegen. Vom ehemaligen Kurort, der Ende des 19. Jahrhunderts gegründet wurde und so-

Kilometer: 55
Höhenmeter: 815 (bergab)
Stunden: 4
STRECKE

Maria-Hilf-Kapelle

gar einen eigenen Schnellzugbahnhof besaß, ist nichts mehr zu sehen. In der großen modernen Industriehalle rechts der Straße wird heute das Wasser von Südtirols einziger Thermalquelle als Mineralwasser abgefüllt.

Seit 1999 verläuft die Brennerbahn auf gut 7 Kilometer durch den Tunnel, sodass wir ab hier die zum Radweg ausgebaute alte Bahntrasse nutzen können. Sie verläuft noch ein Stück lang durch das hier enge Tal entlang der Straße, entfernt sich dann aber von den anderen Verkehrswegen. Hier führt der Radweg nun entlang der steilen Bergkante auf seiner eigenen Trasse, über der sich tapfer die Nadelbäume an den Felswänden festkrallen. Während die heutige Bahnlinie tief im Berg verläuft, genießen wir die Aussicht, die uns die am Berghang entlang gebaute alte Trasse bietet. Hin und wieder tauchen wir in duftende Nadelwälder und danach in kühle Tunnelröhren ein. Bald nach der zweiten bietet sich die ❶ **Jausenstation Route 232** direkt am Wegesrand zu einer Rast an. In einem kleinen ehemaligen Eisenbahnerhäuschen aus Naturstein wurde eine moderne Bar eingerichtet. Von der Terrasse bietet sich ein wunderbarer Blick auf das Wipptal mit der auf Stelzen verlaufenden Brennerautobahn und das Bergpanorama Richtung Süden.

Wenn wir wieder im Sattel sitzen, können wir weiter dieses herrliche Panorama genießen. Wenig später treffen wir auf einen Lost Place. Die sich selbst überlassenen 2 **Bahnhofsgebäude von Schelleberg** verfallen vor sich hin und verströmen dabei einen besonderen Charme. Im Anschluss können wir noch mal einen fantastischen Ausblick über die Dächer von Gossensaß auf das Wipptal und die dahinterliegenden Berge in vollen Zügen genießen, bevor der Weg während einer sanften Rechtskurve in Wald eintaucht. Die Bahntrasse führt langsam mit leichtem Gefälle in west-

Für die Seele

Talwärts gleiten, Bergpanoramen genießen, durch malerische Gassen schlendern und Gaumenfreuden erleben.

Ehemaliger Bahnhof von Schelleberg

licher Richtung in das **Pflerschtal,** wo sie nach etwa 3 Kilometern am verschlossenen Aster Tunnel endet. In diesem Tunnel machte die Bahnlinie eine scharfe Linkskurve, um danach auf der anderen Seite des Pflerschtals wieder in Richtung Wipptal zu führen. Dort verläuft auch die heutige Bahnlinie, nachdem sie den Abschnitt von Brennerbad bis hierher durch den 7,34 Kilometer langen Pflerschtunnel abgekürzt hat.

Pflerschbach

Wir folgen nun stets der Radwegbeschilderung Richtung Sterzing, die uns durch das idyllische Tal führt, durch das der Fernerbach mit seinem extrem klaren Wasser Richtung Eisack fließt. Durch die Weiler **Vallming** und **Gattern** erreichen wir schließlich **Gossensaß.** Wir folgen der gut sichtbaren Wegweisung bis in die Pfarrgasse im historischen Ortskern. Hier sehen wir links in erhöhter Lage die **Pfarrkirche** und dahinter versteckt die ③ **Barbarakapelle.** Beide sind zu Fuß über eine Treppe links der Raiffeisenkasse zu erreichen. Während die barocke Kirche mit illusionistischen Fresken des berühmten Malers Matthäus Günther glänzt, beherbergt die kleine Kapelle aus dem Jahr 1510 einen prächtigen spätgotischen Flügelaltar, den man durch ein Fensterchen bewundern kann. Eisen- und Silbererzabbau brachten dem Ort im Mittelalter bis ins 16. Jahrhundert Wohlstand. In der Zeit der österreich-ungarischen Monarchie erlebte Gossensaß eine Blüte als Sommerfrische der Reichen und Schönen mit Henrik Ibsen als Stammgast, die mit Ausbruch des Ersten Weltkriegs endete. Heute ist von der Epoche leider fast nichts sichtbar.

Wir fahren deshalb weiter und überqueren dazu die Hauptverkehrsstraße in die **Färberstraße,** die uns über die rauschende Eisack bringt. Kurz danach erkennen wir links der Straße das offensichtlich inzwischen ungenutzte Grandhotel Gröbner, das eine Ahnung vom ehemaligen Glanz von Gossensaß vermittelt. Wir treffen auf die Staatsstraße 12, überqueren sie aber nicht, sondern fahren links auf dem Radweg weiter und am **Restaurant Pizzeria Europa** vorbei, in dem man gut essen kann. Kurz danach unterqueren wir die hoch über uns das Tal durchschneidende Brennerautobahn. Danach werden wir nach links auf die alte Landstraße geleitet, auf welcher wir zunächst durch den Weiler **Oberried** fahren und danach in **Niederried** das **4 Restaurant Schaurhof** erreichen, die letzte gute Einkehrmöglichkeit vor Sterzing.

Gossensaß

Wir fahren weiter der Beschilderung folgend auf dem schmalen Sträßchen noch ein kurzes Stück, um dann vor der Brücke über die Eisack links auf den Radweg abzubiegen. Wir treffen schließlich hinter einer Brücke auf die Staatsstraße 12, vor der wir auf dem Radweg links fahren, am Sporthotel Zoll vorbei und kurz danach die Straße unterqueren. Wir folgen stets dem Verlauf des Radwegs bis zum Ortsrand von **Sterzing,** wo wir vor dem Parkplatz der Seilbahn Rosskopf rechts fahren. Bald danach stoßen wir beim **5 Hochseilgarten Skytrek** wieder auf die Brennerstraße und fahren auf dem Radweg weiter auf der für den Durchgangsverkehr gesperrten Straße Richtung historischem Stadtkern. Hier verlief über Jahrhunderte der gesamte Verkehr zum Brenner vorbei an den prächtigen Häusern mit schmucken Erkern.

Wir erreichen den Stadtplatz mit dem **Zwölferturm,** dem Wahrzeichen von Sterzing. Hier sollten wir unsere Räder abstellen, um die Alt- und die Neustadt, die hinter dem Turm beginnt, zu erkunden. Tatsächlich reihen sich im historischen Zentrum die Renaissancehäuser, Rathaus, Kirchen und die meisten Lokale an der Durchgangsstraße auf, die die Stadt in nordsüdlicher Richtung durchquert. Die Seitenstraßen kann man sich hingegen sparen. Nachdem die Altstadt 1443 abgebrannt war, wurde mit dem Bau der Neustadt begonnen, was sich die Stadt durch ihren Reichtum aus dem Bergbau leisten konnte. Dabei entstanden auch die damals üblichen Lauben genannten Arkaden, wie sie noch in anderen Städten Südtirols erhalten sind. Sehenswert sind ferner das prunkvolle Rathaus, die Statue des heiligen Nepomuk

Nepomuk-Denkmal und Zwölferturm in Sterzing

Kommende des Deutschen Ordens

davor und die Heilig-Geist-Spitalkirche. Ansprechende Einkehrmöglichkeiten gibt es hier zahlreich, die meisten in der Neustadt. Hier empfehlen sich direkt beim Zwölferturm das schicke und gleichzeitig gemütliche Vinzenz – zum feinen Wein, das Restaurant und Pizzeria Kolping, das Gourmetrestaurant mit Michelin-Stern Kleine Flamme, die moderne kleine Bar Laube35 und die Eisdiele Il Ghiottone.

Auch wenn es schwerfällt, die schöne Stadt zu verlassen, radeln wir nun weiter durch die Neustadt Richtung Süden immer geradeaus. Nach einem Dreiviertelkilometer macht die Straße eine leichte Rechtskurve, nach der wir links abbiegen müssen auf den Radweg Richtung Brixen. Vorher machen wir noch einen kurzen Abstecher geradeaus zur achteckigen **St.-Elisabeth-Kirche** und der ❻ **Kommende des Deutschen Ordens** mit dem **Multscher-Museum.** Schräg gegenüber steht relativ weit außerhalb die **Stadtpfarrkirche Unsere Liebe Frau im Moos,** ein im Innern prächtiger spätgotischer Bau mit weißen Marmorsäulen und barockem Deckenfresko.

Wir folgen dem Radweg nach der Unterquerung einer Straße entlang einer Halballee Richtung Autobahn. Kurz vor der Mautstelle Sterzing halten wir uns links und fahren weiter entlang dem kanalisierten Ridnauer Bach parallel zur Brennerautobahn. An einer Pegelmessstation wechseln wir auf die andere Seite des Wassers und fahren weiter geradeaus, wobei wir nun an der Eisack entlangfahren. Das Tal wird hier rechts von der **Burg Reifenstein** und links von **Schloss Sprechenstein** begrenzt. Das Flussufer ist von Birken und Schilf gesäumt. Dank des Flüsterbelags ist die Autobahn bei Weitem nicht so laut, wie sie durch die Nähe sein könnte.

Deckenfresko Unsere Liebe Frau im Moos

Burg Reifenstein

Schließlich unterqueren wir eine Brücke, wonach der Radweg nach einer Linkskurve die Eisack überquert. An einem Stoppschild biegen wir links und an der folgenden Vorfahrtstraße noch mal links ab Richtung Brixen und Franzensfeste. Auf der kleinen Landstraße radeln wir über die Autobahn direkt auf den kleinen Ort **Stilfes** zu. An der **7 Pfarrkirche** sollten wir kurz stoppen, um die imposante Deckenmalerei von Christoph Brandstätter im Kirchenschiff zu bewundern. Wir folgen dem Straßenverlauf weiter durch den Ort. Danach führt die kleine, kaum befahrene Straße idyllisch weiter am rechten bewaldeten Talrand. Plötzlich taucht ein malerischer Rastplatz unter einem alten Baum neben einer entzückenden kleinen Kapelle auf. Ein zauberhafter Ort für eine kleine Pause.

Wir radeln gemütlich weiter und schließlich durch das kleine Dorf Niederried, das am Anfang eines Seitentals liegt. Wir folgen der Wegweisung, kommen an einem Marterl zwischen zwei mächtigen Esskastanienbäumen und danach noch an einigen Bauernhäusern vorbei, bevor uns der Weg zur Autobahn hinunterführt. An einer Abzweigung, die links die Autobahn unterquert, fahren wir weiter geradeaus. Auf diesem für den Verkehr gesperrten Weg fahren wir nun immer weiter durch das immer enger werdende Tal, das sich die Eisack, die Staatsstraße, die Autobahn und die Bahnlinie teilen. Im kleinen Weiler **Grasstein** bleiben wir weiter rechts der Bahntrasse. Dieser besonders enge Talabschnitt heißt **Sachsenklemme,** wobei sich der Name nicht von den Sachsen, sondern einem alten Wort für Felsen ableitet, ein landschaftlich besonders beeindruckend schöner Abschnitt der Tour.

Kapelle bei Niederried

Vor der Sachsenklemme

Schließlich kreuzen wir die Autobahn den braunen Radwegweisern folgend durch eine enge Unterführung, hinter der wir **Mittewald** erreichen mit dem schönen **8 Hotel Zur Brücke** mit Restaurant und eigener Metzgerei, wo man auf einer Terrasse über der rauschenden Eisack sitzen kann. Am Ende des Orts treffen wir einmal mehr auf die **Staatsstraße 12,** wo wir rechts abbiegen auf den Radweg parallel zur Straße. Im weiteren Verlauf kommen wir an der Großbaustelle Tunneleinfahrt zum Brennerbasistunnel vorbei. Plötzlich endet der Radweg, und wir müssen ein kleines Stück auf der Staatsstraße fahren. Bald biegen wir dem Radwegweiser Franzensfeste folgend rechts ab zur Eisack, überqueren den Fluss und fahren am **Bahnhof Franzensfeste** vorbei. Wir fahren stets geradeaus weiter bzw. folgen dem Verlauf des Wegs, über den wir uns bald dem **Stausee Franzensfeste** nähern. Wir fahren parallel zur Straße und bald unter der auf Stelzen verlaufenden Autobahn am See entlang, was man sich sicher romantischer vorstellen könnte. Am Ende des

Wassers erkennt man schon die riesige Festungsanlage **9 Franzensfeste.**

Noch unter der Brücke erreichen wir eine Abzweigung, wo wir rechts abbiegen nach **Brixen,** während der Radweg geradeaus ins Pustertal und zur Festung führt. Österreich ließ die Franzensfeste in den 1830er-Jahren erbauen, um feindliche Einfälle aus dem Süden zu verhindern. Die monumentale Anlage kann seit ihrer Restaurierung Anfang des Jahrhunderts mit ihren Stollen, Schächten und einer informativen Ausstellung besichtigt werden. Sicherlich ein Erlebnis der besonderen Art, vor allem für Familien.

Nach der Unterquerung der Bahnlinie steigt der Weg etwas an und führt dann weiter entlang der Autobahn. In einer scharfen Kurve kreuzen wir nach knapp 2 Kilometern auf einer Brücke die Bahnlinie und nach 800 Metern noch mal durch eine schmale Unterführung. Kurz vor dem **Campingplatz Vahrner See** biegen

Franzensfeste

Im Kastanienhain von Vahrn

wir links ab Richtung **Brixen** auf einen grob geschotterten Weg. Auch wenn kurz Zweifel aufkommen mögen, wir sind hier richtig. Der Weg wird bald besser und führt als Vahrner Keschtnweg durch einen duftenden Nadelwald, der nach und nach in den ⑩ **Kastanienhain von Vahrn** übergeht. Heute sehen wir leider nur noch einen kleinen Rest des Hains, trotzdem sind die uralten Bäume mit ihren knorrigen Stämmen äußerst beeindruckend.

*Der **Kastanienhain** wird vom Reiseschriftsteller Heinrich Noë 1898 als ein ganz besonderer Ort beschrieben. Er wurde gerne von vornehmen Damen aufgesucht, die an Sommertagen mit dem Sonnenschirm unterwegs waren, weil sie auf blasse Gesichtsfarbe großen Wert legten.*

Wir erreichen die Ausläufer von **Vahrn,** die immer noch von vielen Ketschn geziert werden. Wir treffen auf die vorfahrtberechtigte **Dorfstraße** geradeaus und dürfen im Ort nicht die Linksabzweigung mit den braunen Radwegweisern Richtung **Brixen** verpassen. Wir folgen stets dem Verlauf der Bahnhofstraße, die auf einer langen Brücke die Bahnlinie, die Autobahn und die Staatsstraße überquert. Vor dem Stoppschild an der Brennerstraße fahren wir links auf den Radweg. Beim **Griesserhof** erreichen wir eine Kreuzung, an der wir nicht geradeaus Richtung Brixen fahren, sondern links Richtung ⑪ **Kloster Neustift** abbiegen, was keinen Umweg bedeutet. In idyllischer Tallage liegt die große bedeutende Klosteranlage von Weinbergen umgeben an der Eisack. Sehenswert und teilweise öffentlich zugänglich sind hier außer der barocken Kirche der barocke Weltwunderbrunnen, der gotische Kreuzgang, die Bibliothek, die Engelsburg und der rekonstruierte historische Stiftsgarten.

Kloster Neustift

Nach dem Verlassen des Klostergeländes folgen wir der **Stiftstraße** nach links bis zur **Grundschule Josef Gasser,** vor der wir rechts auf den Radweg Richtung

*Gegründet von Augustiner-Chorherren im Jahr 1142, hat das **Kloster Neustift** im Laufe der Jahrhunderte eine Vielzahl von Veränderungen und Herausforderungen erlebt. Die barocke Kirche, die das Kloster heute prägt, wurde im 17. Jahrhundert erbaut.*

Tennisbar nach **Brixen** abbiegen. Wir folgen stets der Beschilderung Radroute Brixen, die uns an der Eisack entlang in die Altstadt führt. Zuvor kommen wir am modernen Frei- und Hallenbad mit Saunalandschaft ⑫ **Acquarena** vorbei, in dem man sich wunderbar erfrischen oder entspannen kann. Sobald wir auf die **Adlerbrücke** treffen, eine alte Stahlbrücke, erreichen wir nach rechts die wunderschöne **Altstadt** von Brixen mit der charmanten Einkaufsstraße **Große Lauben** mit mittelalterlichen Bürgerhäusern und gemütlichen Cafés, Boutiquen, Geschäften und Restaurants unter den Arkaden, die zum Bummeln und Verweilen einladen. Weitere Sehenswürdigkeiten gruppieren sich um den **Domplatz,** der vom imposanten barocken Dom beherrscht wird. Nicht übersehen sollte man hier den

Brixen Domplatz

Restaurant Brix 0.1

mittelalterlichen Kreuzgang mit seinen Fresken. Das Diözesanmuseum befindet sich in der Hofburg mit ihrem beeindruckenden Innenhof. Auf der westlichen Seite des Domplatzes sind noch zwei Highlights für Genuss- und Glücksmomente besonders erwähnenswert: der ⑬ **Finsterwirt,** Gasthaus seit 1743 und heute ein erstklassiges Restaurant mit historischem Ambiente, und gleich nebenan die Vinothek Vitis Enoteca (www.vitis.bz). Mit den Rädern entlang dem Eisackufer erreicht man einfach und schnell nach 1 Kilometer ein Kontrastprogramm zur Altstadt, das an einem Teich im Lidopark gelegene ⑭ **Brix 0.1**, ein erstklassiges Restaurant, Café und Bar, untergebracht in einem Traum von Architektur aus Stahl, die nachts als Lichtskulptur erstrahlt.

Obernberg am Brenner
Sattelberg
P
Brenner
ÖSTERREICH
ITALIEN
Naslkopf
Pflerschtunnel
St. Jakob
Gruben-
kopf
Pflersch-
tal
Pfitscher Bach
Fernerbach
Gossensaß
Grabspitz
Flaner Jöchl
Riedspitze
Alfens
22
Saun
SP 508
Wurmaulspitze
Sterzing
Wiesen
Thuins
Rio Mareta
SS44
Gschließegg
Zwölfernöckl
Sattelkopf
SS12
Freienfeld
Stilfes
Mauls
Gaisjoch
Mandlseitejoch
Weiße Wand
SS508
Schellenberg
Onsberg
Sachsen-
klemme
Mittewald
Hut
Tatschspitze
Lenzkofel
Mühlbach
Franzensfeste
SS49
Aicha
Mutnellspitz
Seekofel
Eisack
Schab
Kaserbacher
Hörndle
Nat
Raas
Elvas
Vahrn
SP 31
Masitter
Jöchl
SP 30
Brixen
1
2
3
4
5
6
7
8
9
10
11
12
13
14

ALLES AUF EINEN BLICK

Entspannung ●●●●○
Abenteuer ●●○○○
Vielfalt ●●●●○

WIE & WANN

Größtenteils asphaltierte Radwege und kaum befahrene Straßen. Vorwiegend Gefälle, wenige Steigungen. Juni bis September gut befahrbar.

HIN & WEG

Auto: Parkplatz an der Kirche St. Valentin (kostenlos), 39041 Brenner
ÖPNV: Bahnhof Brenner; Rückkehr zum Ausgangspunkt vom Bahnhof Brixen

ESSEN & ENTSPANNEN

1 **Jausenstation Route 232**
4 **Restaurant Schaurhof,** Ried 20, 39049 Ried (Sterzing), Tel. +39 (04 72) 76 53 66, www.schaurhof.it
8 **Hotel Zur Brücke,** Pfarrweg 2, 39045 Mittewald, Tel. +39 (04 72) 45 86 44, www.hotel-zur-bruecke.com
13 **Finsterwirt,** Domgasse 3, 39042 Brixen, Tel. +39 (04 72) 83 53 43, www.finsterwirt.com
14 **Brix 0.1,** Fischzuchtweg 17, 39042 Brixen, Tel. +39 (04 72) 26 83 71, www.brix01.com

ENTDECKEN & ERLEBEN

2 **Bahnhofsgebäude von Schelleberg**
3 **Barbarakapelle**
5 **Hochseilgarten Skytrek,** Brennerstraße, 39049 Sterzing, Tel. +39 (3 45) 8 65 25 30, www.skytrek.it
6 **Kommende des Deutschen Ordens,** Deutschhausstraße 11, 39049 Sterzing
7 **Pfarrkirche Stilfes**
9 **Franzensfeste,** Brennerstraße, 39045 Franzensfeste, www.franzensfeste.info
10 **Kastanienhain von Vahrn**
11 **Kloster Neustift,** Stiftstraße 1, 39040 Vahrn, www.kloster-neustift.it
12 **Acquarena,** Altenmarktgasse 28 b, 39042 Brixen, www.acquarena.com

IM TAL DER STILLE

Geheimtipp Gsieser Tal

Wir starten die heutige Tour ins Gsieser Tal vom **Bahnhof Welsberg,** an dem sich auch der Parkplatz befindet. Wir radeln in westlicher Richtung auf der **Bahnhofstraße** Richtung Ortsmitte von **Welsberg,** sodass die Bahngleise links von uns liegen. Dem Verlauf der Bahnhofstraße folgend überqueren wir die Rienz und treffen schließlich auf ein Stoppschild, an dem wir links abbiegen. Nach 80 Metern biegen wir auf den **Hauptplatz** mit dem **❶ Restaurant Goldener Löwe** rechts. Gegenüber vom Hotel Weißes Lamm fahren wir rechts in die Gasse **Schlossweg,** folgen ihr 150 Meter geradeaus leicht bergauf bis zu einer T-Kreuzung, an der wir rechts abbiegen. Hier suchen wir bis auf Weiteres vergebens nach Radwegweisern. Wir fahren weiter steil bergauf bis zur nächsten Linksabzweigung, an der wir dem Wegweiser mit Burgensymbol für Fußgänger folgend abbiegen. Auf der schmalen Straße geht es weiter bergauf und bald an den letzten Häusern des Orts vorbei, wo sich nach rechts ein herrlicher Blick in das Pustertal mit dem hoch aufragenden Dürrenstein auftut.

Wer ohne eigenes Rad anreist, kann am Bahnhof Welsberg bei ***Papin Sport*** *eines mieten: www.papinsport.com.*

Kurz danach kommen wir an einem zauberhaften Rastplatz unter einem uralten Nadelbaum vorbei, der sich mit kräftigen Wurzeln am Abhang festkrallt. Gleich danach erblicken wir vor uns **❷ Schloss Welsperg** und dahinter den Turm der **❸ Burgruine Thurn** aus dem späten 13. Jahrhundert. Beide liegen hier in strategisch günstiger und dabei äußerst malerischer Lage am Eingang des Gsieser Tals. Schloss Welsperg hat heute noch den hohen Bergfried, den die Herren von Welsberg (spätere Grafen und Reichsfürsten) 1126–1140 errichten ließen.

Kilometer: 39
Höhenmeter: 390
Stunden: 3
RUNDTOUR

Schloss Welsperg

Der Radweg verläuft teilweise gemeinsam mit dem ***Talblickweg,*** *einem Wanderweg, der entlang beider Talseiten einen ca. 35 Kilometer langen Rundweg mit Ausblicken auf das Gsieser Tal bildet.*

Der ***Keilwirt*** *ist auch das Geburtshaus von Nikolaus Amhof, der zusammen mit Andreas Hofer in den Tiroler Freiheitskämpfen 1809 gegen Fremdherrschaft kämpfte. 1810 wurden beide von den Franzosen erschossen.*

Wir strampeln nun noch ein Stück weiter hinauf bis zum Rand des unweit vor uns liegenden sattgrünen Nadelwalds. Dort macht der asphaltierte Weg eine scharfe Rechtskurve, während wir links auf einem Forstweg weiterfahren, der nun ohne weitere Steigungen am recht steilen Berghang durch einen traumhaft schönen und gesunden Nadelwald verläuft. Schließlich verlässt der Weg den Wald wieder, und vor uns breitet sich das herrliche grüne **Gsieser Tal** aus. Über einen Feldweg fahren wir geradeaus leicht bergab und dann weiter am Waldrand entlang, wo wir den ersten braunen Radwegepfeil entdecken, der uns zeigt, dass wir hier richtig sind.

Wir fahren weiter auf dem fein geschotterten Talblickweg, der eben am rechten Talrand verläuft und dabei immer wieder in Wald eintaucht. Heute noch an den alten Kilometersteinen erkennbar, war dies früher eine Landstraße. Nach dem Wald schlängelt sie sich durch grüne Wiesen, wo wir in einem winzigen Weiler das ❹ **Restaurant Durnwald** erreichen. Wenige Meter weiter liegt die zum Gehöft gehörende kleine Kapelle Durnwald von 1685. Ihr gegenüber liegt der **Keilwirt,** ein ehemaliges Gasthaus, dessen Gaststube seit den 1970ern noch unverändert erhalten ist. Als kleine Besonderheit wurde hier vor dem Haus die alte hölzerne Kegelbahn rekonstruiert.

Für die Seele

Stille Wege, Burgenromantik, alpine Einsamkeit, urige Bauernhöfe, kulinarische Entdeckungen.

Wir radeln weiter nach **Unterplanken,** dem nächsten Weiler, wo uns ein ❺ **Kneipp-Parcours** zu einer erfrischenden Pause erwartet. Den etwas versteckten Zugang zu der nett angelegten öffentlichen Kneippanlage erreichen wir nach rechts über den Parkplatz unmittelbar vor dem Hotel Waldheim. Ein gepflegter Barfußpfad führt durch den kleinen Park und den Teich, an Bänken und Tischen kann man seine Jause auspacken.

Kneipp-Parcours

Gsieser Tal bei Unterplanken

Wir radeln weiter auf der alten Gsieser Talstraße bis **Oberplanken,** wo das Tal langsam etwas enger wird und wir auf die **neue Talstraße** stoßen. Diese überqueren wir und radeln auf dem gegenüberliegenden asphaltierten Weg zur nördlichen Talseite. Dort halten wir uns an einer Gabelung rechts und fahren auf einem Forstweg am Waldrand entlang weiter Richtung **St. Magdalena.** Hinter dem **Steineggerhof** fahren wir nicht auf dem asphaltierten Weg weiter, sondern biegen scharf links ab, um auf dem geschotterten Talblickweg unsere Tour fortzusetzen. Nach einem kurzen steilen Anstieg erreichen wir einen asphaltierten Weg, auf den wir rechts abbiegen, die tosenden Wassermassen des **Karbachs** überqueren und dem Verlauf des Wegs folgend talwärts fahren. Unmittelbar vor einer hölzernen Brücke biegen wir gemäß der auf die Straße gemalten Radwegmarkierung links ab und fahren parallel zum Pfinnbach bis zum nächsten Bauernhof. Wir fahren rechts bis zur neuen Talstraße. Hier müssen wir links abbiegen, nehmen dazu aber den separaten Radweg, der gegenüber an der kleinen Kirche beginnt.

*Die **alte Gsieser Talstraße** führte über Jahrhunderte als Schotterstraße von Welsberg entlang der südlichen Talseite bis St. Magdalena. Nach Unwetterkatastrophen mit Erdrutschen 1966 wurde die Straße in die Talmitte verlegt und 1971 eingeweiht.*

Bauernhof in Oberplanken

Wir erreichen **St. Martin,** halten uns am Ende des Radwegs leicht rechts, um durch den Ort zu fahren. Am Ortsende halten wir uns links, um wieder die Talstraße zu erreichen. Hier fahren wir rechts auf dem parallelen Radweg, den wir gleich wieder an der nächsten Abzweigung nach schräg rechts verlassen. Hier radeln wir wieder auf der alten Talstraße an einem kleinen Naturschutzgebiet entlang, das den Pfinnbach umgibt.

Je weiter wir ins Gsieser Tal hineinfahren, desto mehr schöne alte Bauernhäuser sehen wir, die sich hier noch erhalten haben. Nach 1,5 Kilometern trifft unser Weg auf eine Straße, auf die wir rechts abbiegen. Wir nähern uns langsam dem Talende, weshalb die Straße auf etwa 2 Kilometern relativ steil ansteigt. Hier oben scheint die Dichte an historischen Bauernhäusern am größten. Eines dieser prächtigen Holzhäuser gehört zum 6 **Reierhof**, einer Hofschank mit Schaubauernhof und Streichelzoo, ein Paradies für Familien, das während der Saison täglich geöffnet hat.

Wegkreuz am Radweg bei St. Martin

Reierhof

Wenige Hundert Meter weiter immer noch steil bergauf gelangen wir zur Zufahrt zum 7 **Regiohof,** der nicht nur eine stille Hofschank mit traditioneller Bauernkost bietet, sondern dies noch mit einer gigantischen Aussicht auf das unter uns liegende Gsieser Tal garniert. Kaum zu glauben, aber hier auf 1400 Metern Höhe werden Erdbeeren und Himbeeren angebaut, die man im Hofladen neben anderen zu Marmelade und Bränden verarbeiteten Früchten kaufen kann.

Wir fahren weiter bergauf auf der alten Talstraße, an der sich die schönsten Höfe aneinanderreihen und

St. Magdalena

wir nun endlich den höchsten Punkt erreicht haben. Danach geht es ein Stück bergab bis zu einem Kreisverkehr, an dem sich alte und neue Talstraße treffen und sich die Talschlusshütte und Parkplätze für Wanderer befinden. Wenn wir hier die erste Ausfahrt nehmen und noch 700 Meter weiter Richtung Talende fahren, erreichen wir nicht nur topografisch den Höhepunkt der Tour. Die **8 Moos Alm** im modernen alpinen Stil bietet inmitten grüner Almwiesen umgeben vom hochalpinen Bergpanorama Südtiroler Küche vom Feinsten. Ein Genuss für alle Sinne.

Burgruine Thurn

Für die Rückfahrt, bei der wir die Aussichten der nun anderen Blickrichtung und die stete flotte Talfahrt in vollen Zügen genießen, nehmen wir denselben Weg bis zur Kirche an der neuen Talstraße kurz hinter St. Martin. Dort sparen wir uns den Schlenker über die nördliche Talseite und fahren stattdessen 2 Kilometer weiter auf der Straße, was dank flotter Fahrt leicht bergab recht schnell geht. Wir erreichen in **Oberplanken** die Kreuzung, an der wir bei der Hinfahrt die neue Talstraße überquert haben, und biegen hier nun links ab und fahren auf der alten Talstraße Richtung **Welsberg.** Dabei folgen wir nun stets der alten Landstraße, auf der der ausgeschilderte Radweg verläuft. Sie führt uns auf perfekt neu asphaltierter Fahrbahn durch ein enges, wildromantisches Tal auf der anderen Seite von Schloss Welsperg. Wir erreichen schließlich **Welsberg** am wild rauschenden Gsieser Bach, überqueren diesen an der ersten Brücke, fahren danach sofort links und an der nächsten Abzweigung rechts und erreichen den Hauptplatz in der Ortsmitte. Von hier fahren wir auf demselben Weg wie bei der Hinfahrt zum Startpunkt am Bahnhof.

8
Hoher Mann
Pfinnbach
St. Magdalena
Köflerbach
Fellhorn
Pater-Haspinger-Straße
7
6
Antholz Niedertal
Amperspitze
Frisiberg
Gsieser Straße
Hochstein
Hörneckele
St. Martin
Langeggbach
SP 44
Karbach
Antholzer Bach
Preindl
Laxiedenspitz
Mühlbach
Rudlhorn
Sealaspitz
Oberplanken
Oberrasen
Stacherbach
Hochhorn
Salzla
Taistner Bach
Mayrbach
Golfen
ÖSTERREICH
ITALIEN
Pichl
Gsieserbach
Außerpichl
Unterplanken
Taisten
Wiesen
5
SP 46
Gsieser Straße
4
Durnwald
Olanger Stausee
Rienz
SS49
3
2
1
Welsberg
Ratsberg

ALLES AUF EINEN BLICK

Entspannung ●●●●○
Abenteuer ●●●○○
Vielfalt ●●●●○

WIE & WANN

Zu Beginn und am Ende steiler, sonst geringer Anstieg. Asphaltierte Radwege und kaum befahrene Straßen, einige Forstwege. Beste Zeit: Juni bis September.

HIN & WEG

Auto: Parkplatz am Bahnhof (kostenlos), Bahnhofstraße 19, 39035 Welsberg
ÖPNV: Bahnhof Welsberg

ESSEN & ENTSPANNEN

1. **Restaurant Goldener Löwe,** Hauptplatz 4, 39035 Welsberg-Taisten, Tel. +39 (04 74) 94 45 47
4. **Restaurant Durnwald,** Nikolaus-Amhof-Straße 6, Durnwald, 39030 Gsies, Tel. +39 (04 74) 74 68 86, www.restaurantdurnwald.it
6. **Reierhof,** Pater-Haspinger-Straße 8 a, 39030 St. Magdalena, Tel. +39 (3 48) 9 52 93 70, www.reierhof.com
7. **Regiohof,** Pater-Haspinger-Straße 22 c, 39030 St. Magdalena, Tel. +39 (04 74) 94 85 62, www.regiohof.com
8. **Moos Alm,** Pater-Steinmair-Weg 10, 39030 Gsies, Tel. +39 (04 74) 94 87 35, www.moosalm.it

ENTDECKEN & ERLEBEN

2. **Schloss Welsperg,** Tel. +39 (04 74) 97 84 36, www.schlosswelsperg.com
3. **Burgruine Thurn**
5. **Kneipp-Parcours**

Toblacher See

FELSENSYMPHONIE

Ausflug in die Dolomiten

Direkt unterhalb des Parkplatzes verläuft unser Radweg, der am malerischen **Toblacher See** vorbeiführt. Am gegenüberliegenden Ufer liegt das ❶ **Seerestaurant** in einem Holzhaus über Tretbooten, die man mieten kann, und einer Gartenwirtschaft am Seeufer. Das Lokal lebt in erster Linie von der traumhaften Lage, die man nach der Radtour mit Blick auf die sich im Wasser spiegelnden Berge wunderbar genießen kann. Fine Dining hingegen offeriert das ❷ **Hebbo** im modernen Rezeptionsgebäude des terrassenförmig am See angelegten Campingplatzes.

*Man kann beim Fahrradverleih **Papin Sport** (www.papinsport.com) am Bahnhof Toblach Räder mieten, in Cortina d'Ampezzo in der Nähe des ehemaligen Bahnhofs zurückgeben und von dort mit dem Linienbus zurückfahren.*

Unsere Tour beginnt in 1260 Meter Höhe an der elektronischen Tafel, die uns anzeigt, wie viele Radler heute schon vor uns hier gestartet sind, und verläuft ab hier 27 Kilometer praktisch durchgehend auf der Trasse der ehemaligen Dolomitenbahn. Dabei überquert sie den Cimabanche-Pass in den Dolomiten auf 1530 Metern und führt dann durch dramatische Schluchten nach **Cortina d'Ampezzo** auf 1230 Metern über dem Meeresspiegel. Wir starten auf dem fein geschotterten Radweg durch schönen Nadel- und Mischwald, der ab dem Ende des Sees mit einer leichten, für Bahntrassen typischen Steigung weiterführt. Bald passieren wir ein großes Geröllfeld, bevor der Weg wieder in den Wald im langsam enger werdenden Höhlensteintal eintaucht.

Nach gut 3 Kilometern kommen wir am ❸ **Kriegerfriedhof Nasswand** vorbei. In den Terrassen am Berghang liegen 1259 Soldaten verschiedener Nationen aus dem Ersten Welt-

Kilometer: 27
Höhenmeter: 300
Stunden: 3
STRECKE

Restaurant Seeschuppe

Zähler

Fluss Rienz

krieg begraben. Der äußerst gepflegte Soldatenfriedhof steht heute unter Denkmalschutz. Beim kleinen Parkplatz gibt es eine Picknickbank und sogar Toiletten.

Wir fahren weiter über den bewaldeten Talgrund, unterqueren die Staatsstraße 51 und treffen auf eine Bergwiese mit vereinzelten Bäumen im nun breiter werdenden Tal. Hier verlassen wir kurz die Bahntrasse und radeln am Ufer der Rienz entlang. Danach verläuft der Radweg für einen knappen Kilometer an der Straße, bevor er sie zusammen mit dem Fluss unterquert. Weiter geht es durch lichten Wald, in dem man durchaus auf grasende Rinder treffen kann.

Für die Seele

Die Erhabenheit und Magie der Bergwelt erleben, friedvolle Stille von Wäldern und Bergseen genießen.

Wir durchqueren ein ausgetrocknetes Bachbett, das früher mal von einer Eisenbahnbrücke überspannt wurde. Nachdem wir abermals die Straße durch eine Unterführung gekreuzt haben, entdecken wir links des Wegs das 4 **Forte di Landro,** eine 1884–1894 komplett aus Beton errichtete Festungsanlage. Bis 1866 gehörte

Kriegerfriedhof Nasswand

Aussichtspunkt Drei Zinnen

das Veneto zu Österreich-Ungarn. Nachdem es an das Königreich Italien gefallen war, wurde die Region hier Grenzgebiet und durch Festungsanlagen gesichert.

Kapelle Dürrensee

Das Tal erweitert sich nun zu einem von hohen, spitzen Bergen umschlossenen Talkessel mit blühenden Bergwiesen. Hier treffen wir auf den berühmten **5 Aussichtspunkt Drei Zinnen,** der von einem hölzernen Portal markiert wird. Die Drei Zinnen sind eines der Wahrzeichen Südtirols und gehören zum UNESCO-Weltnaturerbe. Die Nordwände, die wir sehen, sind nur von hier aus sichtbar. Mit dem kostenlosen Fernrohr kann man sie ganz nah heranholen. Auf einem Modell sind die Kletterrouten dargestellt.

Blickt man von hier zur Landstraße, erkennt man neben dem heutigen Restaurant Drei Zinnenblick eine kleine Kapelle am Straßenrand. Sie ist das einzige Überbleibsel, das noch an den imposanten Hotel- und Villenkomplex von **Landro** erinnert, der Ende des 19. Jahrhunderts mit insgesamt 400 Betten Anziehungspunkt für unzählige Sommerfrischler war. Zu den Stammgästen zählte auch der König von Belgien, für den hier eine eigene Villa erbaut worden war. Als 1916 der Krieg in den Dolomiten tobte, wurden die stattlichen Bauten gesprengt und das Gebiet wurde zur Militärzone erklärt.

Wir setzen unsere Tour fort und umfahren schon nach wenigen Metern das ehemalige Bahnhofsgebäude von **Höhlenstein** (italienisch Landro), das heute ein AVS-Bergheim ist. Kurz danach treffen wir auf den **Dürrensee,** hinter dem sich die spektakuläre Kulisse des Monte Cristallo erhebt, während die Ufer des türkisgrünen Sees von Berghängen mit sattgrünen Tannenwäldern eingerahmt werden. Genießen kann man den Blick während einer Rast im **6 Restaurant Dürrensee.**

Nach dem Ersten Weltkrieg wurde Südtirol von Italien annektiert. Als Hitler 1938 Österreich dem Deutschen Reich anschloss, begann Italien in Südtirol den Alpenwall zu errichten, eine Kette von 350 gut getarnten Betonbunkern.

Dürrensee

Chalet Passo Cimabanche

Am Rifugio Ospitale

Hinter dem See führt der Radweg am Ufer des trocken liegenden Flussbetts des Rio Val Fonda entlang, der im Frühling mit dem Schmelzwasser vom Monte Cristallo Unmengen von Geröll in Bewegung setzt. Der Weg steigt nun wieder leicht an und führt dabei rechts vor dem Bergmassiv oberhalb des Höhlensteintals entlang Richtung **Cimabanche-Pass.** Wir kreuzen durch eine Unterführung die SS 48 und radeln weiter am steilen Hang durch herrlichen Bergwald. Schließlich treffen wir auf der Passhöhe wieder auf die SS 51, mit der wir bei einem kleinen Eisenbahnerhäuschen die Grenze zum Veneto überqueren. Kurz danach kommen wir am kleinen **7 Ristorante Bar Chalet Passo Cimabanche** vorbei, dem einzigen öffentlichen Gebäude hier oben.

Wir fahren weiter auf dem geschotterten Weg links der Straße, ausgeschildert als Radweg E 1, der nun langsam bergab führt. Wir kommen an zwei kleinen Seen vorbei und kreuzen immer wieder Bäche mit glasklarem Wasser. Schließlich tauchen vor der traumhaften Felsenkulisse der Dolomiten das **8 Ristorante Rifugio Ospitale** und die dazugehörige mittelalterliche Chiesa di Ospitale auf. Im einsam an der Landstraße gelegenen Restaurant kann man vorzüglich speisen, wenn man den kurzen Fußpfad vom Radweg hinauf nimmt.

Das Refugio hatte sogar seine eigene Bahnstation, an der wir wenig später vorbeikommen und die langsam verfällt. **Wilde Lilien** und zahlreiche andere Wiesenblumen erfreuen uns am Wegesrand. Das Tal wird immer enger, der Verlauf der Bahntrasse an den steilen Berghängen immer dramatischer, bis er durch einen in den Fels gehauenen **Tunnel** führt. Vor der Tunneleinfahrt lohnt sich ein Blick über das Geländer in die Tiefe, aus der das Rauschen des Flusses zu uns heraufdringt, und auf die **9 Ponte Ferrovia sul Felizon,** die die Schlucht überspannt. Nach der kurzen Tunneldurchfahrt radeln wir über die Brücke auf die andere Seite der Schlucht. Wenig später wartet der nächste **Tunnel** auf uns. Er ist deutlich länger und beleuchtet.

Wilde Lilie

Wenn wir wieder ans Tageslicht kommen, hat sich die Szenerie gewandelt. Wir sehen jetzt rechts von uns

Ehemaliger Eisenbahntunnel

Ehemaliger Bahnhof Fiammes

Man kann ab Cortina auf der asphaltierten Bahntrasse und nur noch bergab mit grandiosen Ausblicken durch zahlreiche Tunnel und über spektakuläre Viadukte noch 35 Kilometer weiter bis Calalzo di Cadore radeln.

in das **Boitetal,** an dessen Ende Cortina liegt. Wir fahren stets leicht bergab entlang dem Berghang des links von uns steil aufragenden Pomagagnon-Massivs, vorbei am gut erhaltenen Bahnhofsgebäude von **Fiames,** das unten im Tal liegt. Bald geht der Schotterweg in einen asphaltierten Radweg über, wo wir die ersten Häuser erreichen. Vor uns eröffnet sich ein herrliches Panorama aus hohen Bergen und einem Talkessel gleich einem antiken Theater, in dem die Stadt **Cortina d'Ampezzo** liegt. Dem Weg folgen wir immer weiter, bis wir das frühere Bahnhofsgelände erreichen, das heute als Park- und Marktplatz genutzt wird. Dahinter liegt der Bahnhof, der heute als Busbahnhof dient, wo auch der Linienbus nach Toblach abfährt. Vor der Rückfahrt sollten wir noch einen Blick ins Stadtzentrum werfen und zumindest einmal den Corso Italia entlangwandeln. Cortina hat sich zu einem exklusiven Reiseziel entwickelt und bietet Luxusunterkünfte, hochwertige Restaurants, Boutiquen und Designerläden. 1956 wurden hier die Olympischen Winterspiele ausgetragen, 2026 finden hier die nächsten olympischen Wettkämpfe statt.

Cortina d'Ampezzo mit Glockenturm

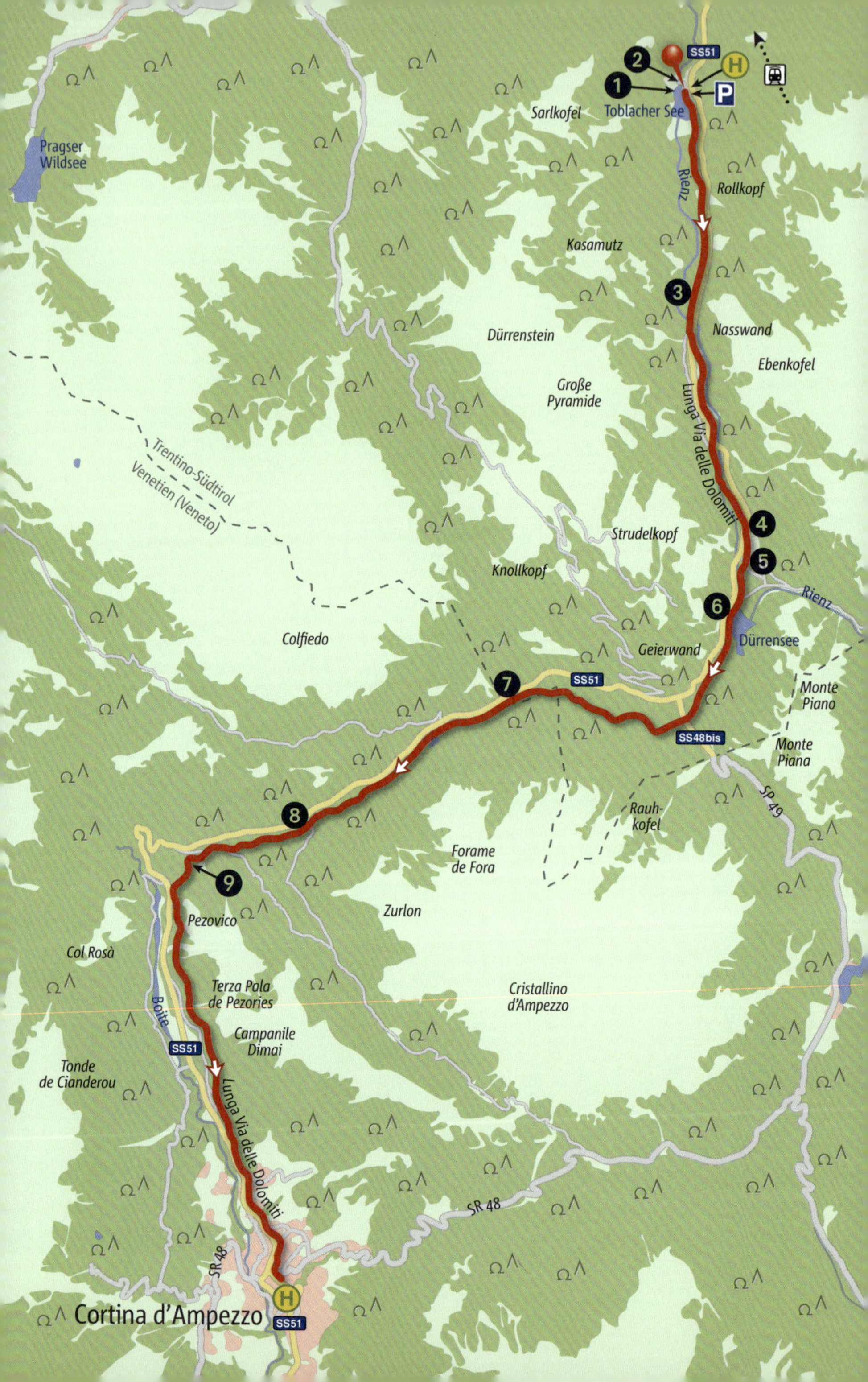

SS51
Sarlkofel
Toblacher See
Pragser Wildsee
Rienz
Rollkopf
Kasamutz
Nasswand
Ebenkofel
Dürrenstein
Große Pyramide
Lunga Via delle Dolomiti
Trentino-Südtirol
Venetien (Veneto)
Strudelkopf
Knollkopf
Rienz
Dürrensee
Colfiedo
Geierwand
SS51
Monte Piano
Monte Piana
SS48bis
Rauh-kofel
SP 49
Forame de Fora
Zurlon
Pezovico
Col Rosà
Terza Pala de Pezories
Cristallino d'Ampezzo
Boite
Campanile Dimai
SS51
Tonde de Cianderou
Lunga Via delle Dolomiti
SR 48
SR 48
Cortina d'Ampezzo
SS51

ALLES AUF EINEN BLICK

Entspannung
Abenteuer
Vielfalt

WIE & WANN

Fein geschotterter Radweg bis Dürrensee, danach gröberer Schotter, wenig geeignet für Räder mit schmalen Reifen. Konstant leichte Steigung und Gefälle. Großenteils schattig. Beste Zeit: Juni bis September.

HIN & WEG

Auto: Parkplatz Toblacher See (geringe Gebühr), 39034 Toblach
ÖPNV: Bahnhof Toblach, 2,6 Kilometer auf Radweg zum Toblacher See; Rückkehr zum Ausgangspunkt: Von Cortina nach Toblach verkehren Busse mit Fahrradanhänger (nur im Sommer, Anmeldung erforderlich).

ESSEN & ENTSPANNEN

1 **Seerestaurant,** Toblacher See 6, 39034 Toblach, Tel. +39 (04 74) 97 32 67
2 **Hebbo,** Toblacher See 4, 39034 Toblach, Tel. +39 (04 74) 86 90 25, www.hebbo.it
6 Restaurant Dürrensee, Landro 8, 39034 Toblach, Tel. +39 (04 74) 97 23 99
7 **Ristorante Bar Chalet Passo Cimabanche,** SS 51, 32043 Cimabanche, Tel. +39 (04 74) 97 24 42, www.chaletcimabanche.com
8 **Ristorante Rifugio Ospitale,** Località Ospitale, 1, 32043 Cortina d'Ampezzo, Tel. +39 (04 36) 45 85, www.ristoranteospitale.com

ENTDECKEN & ERLEBEN

3 **Kriegerfriedhof Nasswand**
4 **Forte di Landro**
5 **Aussichtspunkt Drei Zinnen**
9 **Ponte Ferrovia sul Felizon**

Kirchturm vor Schlern

Stille Bergwelt

Malerische Runde um Kastelruth

Wir starten unsere Tour in **Kastelruth** an der Hauptdurchgangsstraße bei einem Eurospar-Supermarkt, ganz in der Nähe des Parkhauses, und fahren den **Marinzenweg** rechts der gegenüberliegenden Sparkasse bergauf. Die kleine Straße verlässt schnell den Ort und gibt den Blick links von uns frei auf grüne Wiesen, die sich bis zum Waldrand am Puflatsch hinaufziehen. Vor uns ragen die zackigen Felsen des Schlern auf, auf den wir bald noch einen viel besseren Blick haben werden. Dazu müssen wir aber noch ein Stück weiter bergauf strampeln und uns an der ersten spitzen Gabelung links halten, ausgeschildert auch als Wanderweg 6 Richtung Seis. Dieser geht auf knapp 700 Metern in einen geschotterten Feldweg über, bevor er auf eine Kreuzung mit mehreren asphaltierten Wegen trifft. Hier fahren wir zunächst eben geradeaus weiter durch das ländliche Idyll mit Marterln am Wegesrand. Das Bergmassiv des Schlern erscheint immer beeindruckender, je näher wir ihm kommen.

*In unmittelbarer Nähe zu unserem Startpunkt in Kastelruth kann man sich im **Sporthaus Fill** Fahrräder leihen (www.sporthausfill.com).*

Wir erreichen den malerischen unter Denkmalschutz stehenden ❶ **Psoarhof** mit Fresken über der gotischen Tür. Unmittelbar davor biegen wir rechts ab und treffen hinter dem Bauernhof auf die zur Seiser Alm führende **St.-Valentin-Straße.** Hier biegen wir links ab auf den Radweg hinter der Leitplanke. Rechts von uns breitet sich nun ein fantastisches Panorama aus mit dem unten im Tal liegenden Dorf Seis vor dem hoch aufragenden Schlern.

Kilometer: 17
Höhenmeter: 360
Stunden: 3
RUNDTOUR

Nach 400 Metern fahren wir am Viersternehotel **Valentiner Hof** vorbei und biegen danach beim Ende des Radwegs links ab. Ein asphaltierter Weg führt nun am Schildberghof vorbei kurz, aber extrem steil bergauf. Wir fahren an der ersten Gabelung rechts Richtung **Gschtraffhof,** bis wir schließlich eine kleine Kreuzung an einem alten Nussbaum erreichen. Hier haben wir nun den höchsten Punkt der Tour erreicht und biegen links ab, markiert als Wanderweg 4 Richtung Kastelruth. Es geht nun auf einem wunderschönen Panoramaweg an einem steilen Wiesenhang entlang mit herrlicher Aussicht über Wiesen und Bauernhofe auf die Bergwelt Südtirols.

Schließlich taucht der Weg in einen Nadelwald ein, führt dort zunächst recht eben weiter, bevor er dann in einigen Kurven bergab führt und auf einen Sportplatz trifft. Hier folgen wir nicht dem Verlauf des Wegs nach rechts, sondern fahren geradeaus weiter links am Fußballplatz vorbei. Unten im Tal erkennen wir Kastelruth

Historischer Psoar Hof

mit seinem markanten Kirchturm. Nach 250 Metern biegen wir an der nächsten Kreuzung scharf rechts ab und treffen nach weiteren 300 Metern auf die Landstraße **SP 64,** der wir ein Stückchen nach links folgen. An der nächsten Abzweigung in einer scharfen Linkskurve biegen wir rechts ab in einen kleinen Weiler mit dem ❷ **Café und Jausenstation Sabina,** eine der wenigen Einkehrmöglichkeiten auf unserer Radtour.

Für die Seele

Die Stille der Bergwelt mit großartiger Aussicht, märchenhaften Wäldern und einsamen Tälern genießen.

Beim Café halten wir uns rechts und an der folgenden spitzen Gabelung wieder links auf einen schmalen asphaltierten Weg, der steil bergab in das **Prembachtal** führt. Der Weg taucht kurz darauf im engen Tal in einen dunklen märchenhaften Wald ein. Am Ufer des Bachs, der munter glucksend das Tal hinunterfließt, stehen heute noch einige Mühlen, die früher vom Wasser angetrieben wurden. Aus den steilen Hängen ragen bemooste Felsen auf, auf denen sich alte Nadelbäume festkrallen. Nach der zweiten Brücke über das Wasser führt der Weg links den Berghang hinauf, während nur ein Wanderpfad weiter am Bach entlang verläuft. Der Weg steigt weiter an und taucht dabei bei einem einsam gelegenen Bauernhof aus dem Wald auf und bietet uns einen grandiosen Blick ins Grödnertal. Wir genießen den Ausblick und dabei die absolute Stille und Einsamkeit, die uns umgeben.

*Das **Grödnertal** ist ein Seitental des Eisacktals in den Dolomiten. Es erstreckt sich über etwa 20 Kilometer bis zum Sellajoch und gehört zum ladinischen Sprachgebiet. Es ist auch berühmt für seine Holzschnitzerei, die heute noch betrieben wird und auf das 17. Jh. zurückgeht.*

Beim **Tomines Hof** endet der asphaltierte Weg. Auch hier bietet sich wieder ein fantastischer Blick ins Tal mit einer etwas anderen Perspektive. Wir biegen links ab auf einen geschotterten Weg, der wieder in den Wald eintaucht. Dank der Lichtungen im Fichtenwald, die vorwiegend dem Borkenkäfer zu verdanken sind, hat man immer wieder einen schönen Blick aufs Gröd-

Blick auf Tagusens und Kirche St. Magdalena

nertal. Durch Forstfahrzeuge ist der Waldweg leider streckenweise stark in Mitleidenschaft gezogen.

Nach 1,5 Kilometern spannender Fahrt durch einsamen Wald erreichen wir wieder besiedeltes Gebiet. Am Waldrand verlassen wir den Forstweg an einer Gabelung nach schräg rechts, dem Wanderweg 2 A folgend. Wir fahren direkt auf den Weiler **Tagusens** zu, wo die Straße ab dem ersten Hof wieder asphaltiert ist. Rechts an einer Bergkante über dem Grödnertal sehen wir die barockisierte mittelalterliche kleine ❸ **Kirche St. Magdalena.** Links daneben befindet sich das ❹ **Schulmuseum,** das bis 1993 noch als Grundschule fungierte. Wir erreichen den Dorfbrunnen, von wo aus man nach rechts zur Kirche und zum Museum kommt. Wir fahren hier, um die Radtour fortzusetzen, schräg links.

An der ersten Gabelung hinter Tagusens halten wir uns links, wo der Verlauf des Sträßchens wieder leicht ansteigt. Wir radeln weiter über Wiesen und danach hinauf in ein kleines Wäldchen. Nachdem wir eine Kuppe überwunden haben, liegt rechts von uns nun das Eisacktal, durch das die Brenner-Transitroute verläuft, eine der wichtigsten europäischen Verkehrsadern. Die idyllische Landschaft und Stille hier oben lassen dies nur erahnen. Wir folgen weiter dem Verlauf der kleinen Straße, die sich durch ein kleines Tal schlängelt und danach beim einsam am Berg über dem Eisacktal gelegenen 5 **Gasthaus Lieg** vorbeiführt, einer weiteren der wenigen Einkehrmöglichkeiten.

Es geht nun wieder bergab Richtung **Tisens,** das nächste kleine Örtchen hier in der Abgeschiedenheit. Vor uns tut sich ein neuer Panoramablick auf. Wir erkennen wieder den Schlern und rechts im Eisacktal

Blick auf Kastelruth

Tisens

Rathaus Kastelruth

die Brennerautobahn, wie sie sich langsam Richtung Bozen windet. Wir radeln weiter am Waldrand entlang, vorbei an Wiesen, Hecken und Büschen, bis wir nach einer Kurve weit vor uns Kastelruth mit seinem markanten Kirchturm vor der dramatischen Bergkulisse sehen. Wenig später erreichen wir den Weiler **Tisens.** Gleich am Ortsanfang nehmen wir die Straße nach links zum historischen Kern mit der **6 Kirche St. Nikolaus,** an der uns das wunderschöne Fresko des heiligen Christophorus an der Außenfassade aus dem Jahr 1791 auffällt. Es lohnt sich auch ein Blick ins Innere der gotischen Kirche aus dem 14. Jahrhundert mit Kreuzrippengewölbe und holzgeschnitztem Flügelaltar.

Wir radeln weiter und an der nächsten Kreuzung nicht rechts hinunter zur Landstraße, sondern geradeaus. Es geht weiter auf einem schmalen Sträßchen, auf dem auch der Wanderweg 1 nach Kastelruth verläuft. An einigen schönen alten Höfen vorbei überqueren wir in einer Kehre auf einer hölzernen Brücke den Tisenerbach. Der Weg führt nun bergauf, wo wir bald durch eine Unterführung die **Landesstraße 24** unterqueren und danach an einem Vorfahrtschild rechts abbiegen. Hier macht die Straße eine Kehre, in der wir links abbiegen und weiter bergauf Richtung altem Ortskern von **Kastelruth** fahren. Gegenüber der Feuerwehr am Ortsrand biegen wir rechts in die **Vogelweidergasse** ab. Wir folgen ihrem Verlauf und halten uns an einem Kruzifix links, wonach sich der Weg zu einer schmalen Gasse verjüngt.

Die gibt uns unvermittelt frei auf dem zentralen **Krausplatz** vor dem frei stehenden Kirchturm, dem Wahrzeichen Kastelruths. Bevor wir von hier nach rechts durch die **Oswald-von-Wolkenstein-Straße** den Ausgangspunkt unserer Tour erreichen, sollten wir unsere Räder abschließen und den Ortskern erkunden.

Der für den kleinen Ort überdimensioniert wirkende Campanile stammt aus dem Barock, die dazugehörige Kirche aus dem 19. Jahrhundert. Im Ansitz Lächler befindet sich außer dem Tourismusverein auch das Trachtenmuseum. Rechts davon liegt das ebenfalls imposante Rathaus. Durch den rechten Torbogen gelangt man durch die Kofelgasse zum **Kalvarienberg,** der unbedingt einen Spaziergang wert ist. Dabei kommt man am 7 **Turmwirt** vorbei, einer alten Gastwirtschaft mit holzgetäfelter Stube in einem Ansitz vom Anfang des 16. Jahrhunderts.

*Der **Kalvarienberg** auf dem Kofel lohnt in erster Linie wegen seines wunderbaren Ausblicks vom Rundweg auf Kastelruth, die Umgebung und den Schlern. Auf der Anhöhe beeindruckt eine Bautengruppe aus sieben kleinen Kapellen und einem romanischen Turm.*

Blick vom Kalvarienberg

SS12
Unterried
Oberried
Waidbruck
SS242
SS242dir
Grödner Bach
4
Tagusens
3
Rendenbühl
Prembachtal
5
Tisenser Bühlen
6 Tisens
2
SP 64
Tisenerbach
SP 24
Reissnerstraße
Kalvarienberg
Kastelruth
7
H
P
Tiosels
Katzenlochbühel
SP 64
Marinzenweg
Telfen
St. Valentin
SP 25
SP 24
1
St.-Valentin-Straße
SP 25
Seis am Schlern

ALLES AUF EINEN BLICK

Entspannung ●●●○○
Abenteuer ●●●●○
Vielfalt ●●●●●

WIE & WANN

Kaum befahrene Straßen und asphaltierte Wege, ein unebener Forstweg, einige starke Steigungen. Beste Zeit: Juni bis September.

HIN & WEG

Auto: Parkhaus Kastelruth, Oswald-von-Wolkenstein-Straße 25, 39040 Kastelruth
ÖPNV: Linienbus ohne Fahrradmitnahme

ESSEN & ENTSPANNEN

2 **Café und Jausenstation Sabina,** Panider-Straße 39, 39040 Kastelruth, Tel. +39 (04 71) 70 00 19, www.haus-sabina.com
5 **Gasthaus Lieg,** Tagusens 14/1, 39040 Kastelruth, Tel. +39 (3 38) 6 36 72 30
7 **Turmwirt,** Kofelgasse 8, 39040 Kastelruth, Tel. +39 (04 71) 70 63 49, www.zumturm.com

ENTDECKEN & ERLEBEN

1 **Psoarhof**
3 **Kirche St. Magdalena**
4 **Schulmuseum Tagusens,** Tagusens 2, 39040 Kastelruth, Tel. +39 (3 34) 7 42 39 15, www.museum-kastelruth.com/schulmuseum
6 **Kirche St. Nikolaus**

Alpine Harmonie

Runde über die Seiser Alm

Schlern

Unsere Fahrradtour führt über die Weiten und Höhen des rund 56 Quadratkilometer großen Gebiets der Seiser Alm auf einer Höhe von 1680 bis 2350 Metern über dem Meeresspiegel. Damit ist die malerische Landschaft mit ihrer reichen Flora mit rund 800 Pflanzenarten in den Südtiroler Dolomiten Europas größte Hochalm. Wir starten in **Compatsch,** dem Ort, den man auf der Straße und per Seilbahn als Erstes erreicht. Wer mit der ❶ **Seilbahn** von Seis am Schlern ankommt, fährt ca. 250 Meter den asphaltierten Weg hinunter zur Kreuzung, an der sich der Parkplatz befindet, und hier leicht nach links versetzt geradeaus zum **Joch.** Vom **Parkplatz P 2** aus kommend biegt man hier entsprechend rechts ab. Bei der Anreise mit dem eigenen Fahrzeug ist zu beachten, dass die Anfahrt zum Landschaftsschutzgebiet Seiser Alm ab 9 Uhr gesperrt ist. Alle nötigen Infos finden sich unter www.seiseralm.it.

Wir folgen stets der asphaltierten Straße, die schon bald in mehreren Serpentinen die Almwiesen hinaufführt. Dabei bietet sich jetzt schon ein fantastischer Ausblick auf das Bergmassiv des Schlern mit seiner markanten Silhouette, einem der bekanntesten Berge in den Dolomiten. Bald nach der dritten Kehre öffnet sich für uns ein neuer Ausblick in östlicher Richtung, wo Plattkofel und Langkofel das Gebiet der Seiser Alm begrenzen. Im Abendlicht bei Sonnenuntergang werden sie im berühmten Alpenglühen in Rot erstrahlen.

Kilometer: 15
Höhenmeter: 390
Stunden: 3
RUNDTOUR

Edlweißhütte

Die relativ anspruchsvolle Radtour mit insgesamt 480 Metern Steigung und einem Abschnitt auf grob geschotterter Straße erfordert Räder mit breiten Reifen, am besten als ***E-Bike.*** *In Compatsch gibt es mehrere Verleiher mit modernen elektrischen Montainbikes.*

An der folgenden Gabelung, wo ein Weg rechts zum **Joch** und dem Alpenhotel Panorama führt, halten wir uns links. Hier haben wir vorerst einen Großteil der ersten Steigung überwunden und genießen nun den fantastischen Blick, den der Panoramaweg hier bietet und mit dem er uns verzaubert. Endlose Wiesen mit wie hineingestreuten Holzhütten, Tannenbäumen, Büschen, Blumen und pink leuchtendem Almrausch breiten sich vor uns aus. Eingerahmt wird die Szenerie ringsum von hohen Bergen.

Schließlich erreichen wir eine Wegkreuzung unterhalb des modernen **Hotels Goldknopf,** an der wir den asphaltierten Weg nach links auf einen breiten Schotterweg verlassen, ausgeschildert als Wanderweg 7. Wir fahren auf dem hier ebenen Weg auf die **❷ Edlweißhütte** zu, die an einem künstlich angelegten Teich für Kunstschnee auf 2045 Metern über dem Meeresspiegel in herrlicher Panoramalage steht. Die kleine Scheune wird im Sommer für Fotoausstellungen genutzt. Bequeme Liegen und verschiedene urige hölzerne Sitzgelegenheiten auf der grünen Wiese vor der Hütte laden zu einer Rast ein. Die Hütte hat keine Gaststube und ist deshalb nur bei schönem Wetter geöffnet.

Wir radeln weiter zunächst leicht und später steil auf hier betonierten Fahrstreifen bergab in ein kleines Tal, durch das ein Bach plätschert und an dem die ❸ **Almrosenhütte** wieder eine zauberhafte Einkehrmöglichkeit bietet. Den Namen trägt sie nicht zu Unrecht, zumal sie hier in einem Meer von Almrausch liegt. Danach führt unser Weg wieder bergauf, hier recht steil und grob geschottert. Auf einer kleinen Passhöhe werden wir belohnt mit einem neuen fantastischen Ausblick. Unten im grünen Tal liegt idyllisch die ❹ **Mahlknechthütte,** während dahinter aus den Almwiesen das Felsenmassiv des Rosengartens herausragt. Ein Anblick wie gemalt.

Auf dem steilen Weg fahren wir vorsichtig hinunter zur bewirtschafteten Hütte, die aus einem älteren Zweckbau und einem schönen historischen Holzhaus besteht. Von hier aus führt der Schotterweg durch lichten Nadelwald weiter recht steil bergab, bis wir die Talsenke mit einer Abzweigung erreichen. Hier biegen wir links ab, wo es zunächst noch weiter bergab geht durch ein teils enges Tal mit Wald und Wiesen, auf denen Bergkühe mit laut bimmelnden Glocken um den Hals friedlich grasen. Beim ❺ **Rifugio Tirler Alm,** einer der besten Hütten der Region, die auch eine E-Bike-Ladestation hat, wird das Tal breiter und das Gefälle geringer. Ab hier ist der Weg wieder durchgehend asphaltiert und führt im Sommer durch ein Meer von Wiesenblumen.

Für die Seele

Idyllische Almwiesen, atemberaubende Bergkulisse, rustikale Berghütten mit erlesener Küche.

Rosengarten

Rifugio Tirler Alm

Langkofel und Plattkofel

Tuëne Hütte

Gostner Schwaige

Wir erreichen in 6 **Saltria** eine T-Kreuzung gegenüber dem Hotel Saltria, wo wir links auf die Straße nach **Compatsch** abbiegen. Ab hier liegt nun die zweite Steigungsstrecke vor uns, allerdings auf gut asphaltierter Fahrbahn, auf der auch Linienbusse verkehren. Die Straße schraubt sich in einigen Serpentinen bergauf zur 7 **Rauchhütte**, deren Terrasse wieder einen unglaublich schönen Panoramablick bietet.

Weiter geht es auf der Straße leicht bergauf durch endlose Almwiesen, die mit Baumgruppen und mit kleinen Hütten gesprenkelt sind, von denen einige bewirtschaftet sind. So auch die 8 **Gostner Schwaige,** eine urige, etwas abseits gelegene Almhütte mit bekannt guter Küche, die man über einen Linksabstecher nach 500 Metern Schotterweg erreichen kann. Eine Schwaige ist im österreichischen Sprachraum eine Alm- oder Sennhütte mit zugehöriger Alm. Weiter auf der Straße befinden wir uns praktisch schon auf der Zielgeraden, die uns direkt in das touristische Zentrum **Compatsch** zurückführt. Auf dem Weg dorthin unterqueren wir noch einen Tunnel, der für eine Skipiste angelegt wurde.

*Die Küche der **Gostner Schwaige** ist weithin bekannt. Der Hüttenwirt Franz Mulser hat in Gourmetrestaurants gelernt und setzt sein Können hier mit frischen, natürlichen Zutaten aus dem eigenen Garten in der winzigen Küche gekonnt um.*

Compatsch
1
P
GS/SC 19.4
SP 25
Frommerbach
Pußerbach
8
Joch
Bioptop
Großes
Moos
Saltriastraße
7
Saltria
6
Salteriebach
Spitzbühel
2
Joch
Tummelebach
Furscher Bach
Saltriastraße
5
Karlot
Grunserbühl
Sattel Schwaige
3
Prosslinerbach
Rio Gardessea
Goldknopf
4
Schwarzgriessbach
Tomaseth

ALLES AUF EINEN BLICK

Entspannung ●●●○○
Abenteuer ●●●●●
Vielfalt ●●●●○

WIE & WANN

Verkehrsarme oder -freie Straßen, teils geschottert, zwei lange Steigungen, eine grob geschotterte Gefällstrecke. Kaum Schatten. Am besten befahrbar Juni bis September, empfohlen außerhalb der Ferien.

HIN & WEG

Auto: Parkplatz P2 Compatsch (gebührenpflichtig)
ÖPNV: Seiser Alm Bahn Bergstation Compatsch (Fahrradmitnahme), Shuttlebus (keine Fahrradmitnahme)

ESSEN & ENTSPANNEN

2 **Edlweißhütte,** Tel. +39 (03 38) 4 20 55 43
3 **Almrosenhütte,** Joch 25, Tel. +39 (3 47) 5 51 71 09
4 **Mahlknechthütte,** Joch 28, 39040 Seiser Alm, Tel. +39 (04 71) 72 79 12, www.mahlknechthuette.com
5 **Rifugio Tirler Alm,** Saltriastraße 59, 39040 Seiser Alm, Tel. +39 (04 71) 72 79 27, www.hotel-tirler.com
7 **Rauchhütte,** Saltriastraße 29, 39040 Seiser Alm, Tel. +39 (04 71) 72 78 30, www.rauchhuette.com
8 **Gostner Schwaige,** Saltriastraße 13, 39040 Seiser Alm, Tel. +39 (3 47) 8 36 81 54, www.gostnerschwaige.com

ENTDECKEN & ERLEBEN

1 **Seilbahn Bergstation**
6 **Saltria**

Stadtmauer von Glurns

Für alle Sinne

Genussvoll talwärts im Vinschgau

Bahnhof Mals

Wir beginnen unsere Radtour durch den Vinschgau nach Meran am **Bahnhof Mals** in einer Höhe von 1055 Metern über dem Meeresspiegel, wo die Bahnlinie von Meran endet. Hier halten auch die diversen Bike-Shuttles. Dank des Höhenunterschieds von 700 Metern auf 63 Kilometern wird es fast immer eben oder mit mehr oder weniger Gefälle ganz entspannt bergab gehen.

*Mit dem Kombiticket **bikemobil Card** kann man einen Tag lang alle öffentlichen Verkehrsmittel in ganz Südtirol benutzen und ein Fahrrad für einen Tag bei einer der Verleihstationen von Südtirol Rad, Papin Sport oder Südtirolbike ausleihen. Am Bahnhof Mals kann man Räder ausleihen und in Meran bei der Vermietstation am Bahnhof wieder abgeben.*

Der Startpunkt des asphaltierten Radwegs ist dank der Beschilderung leicht zu finden. Gleich auf den ersten Metern kommen wir am alten **Wasserturm** vorbei. Hier schauen auch noch die Schienen des Gleisfünfecks aus dem Gras, das früher zum Wenden von Dampflokomotiven benötigt wurde. Wir folgen der Beschilderung, überqueren eine Straße und verlassen Mals auf dem Radweg über Wiesen und an einigen wenigen Apfelplantagen vorbei. Vor uns sehen wir deutlich das

Kilometer: 63
Höhenmeter: 700
(bergab)
Stunden: 6
STRECKE

Blick ins Münstertal

Münstertal, das in die Schweiz führt, und den Ort Taufers i. M. an der Grenze. Direkt vor uns tauchen die Dächer und Kirchtürme von **Laatsch** auf. Unser Weg führt direkt in den Ort mit seinen teils uralten und mit Wandmalereien verzierten Höfen. Bei der Kirche halten wir an der Vorfahrtstraße, um dem braunen Radwegweiser folgend links abzubiegen.

Kirche in Laatsch

Vor der Brücke über die Etsch biegen wir links ab auf die Radroute Richtung **Meran.** Hier lohnt noch ein kurzer Abstecher von 350 Metern geradeaus zur mittelalterlichen **1 St.-Leonhard-Kirche** mit Fresken und einem Flügelaltar aus der Werkstatt von Hans Schnetterpeck (15. Jahrhundert). Wir radeln weiter und sind nun auf dem 700 Kilometer langen Fernradweg Via Claudia Augusta unterwegs, der sich an der gleichnamigen historischen Römerstraße orientiert und vom bayerischen Donauwörth über die Alpen ins italienische Ostiglia am Po bzw. bei Venedig an die Adria führt. Links in der grünen Wiese steht ein Bunker aus dem Zweiten Weltkrieg, während rechts von uns das Rauschen der hier noch jungen Etsch nicht zu überhören ist. Wir rollen bergab am Fluss entlang auf die mit Türmen bewehrte Stadtmauer von **Glurns** zu, der kleinsten Stadt Italiens. Beim **Tauferer Turm** treffen wir auf den Zugang zur Altstadt.

Für die Seele
Gemütlich die Räder rollen lassen, wertvolle Kulturgüter bestaunen und mit allen Sinnen genießen.

Während der Radweg geradeaus weiter am Wasser entlang und an der Stadt vorbeiführt, machen wir einen Abstecher in das historische Zentrum, wo praktisch gleich links um die Ecke der **Stadtplatz** liegt. Hier gruppieren sich um einen Brunnen prächtige alte

Laubengang in Glurns

Stadtplatz Glurns

Bauten mit einigen Einkaufs- und Einkehrmöglichkeiten. Besonders erwähnenswert ist hier das am Anfang der **Florastraße** gelegene ❷ **Flurin**, das mittags und abends seine historischen Gewölbe öffnet und auch dem Michelin eine besondere Erwähnung wert ist. Hier um die Ecke beginnt die für eine Südtiroler historische Stadt übliche **Laubengasse** mit einem schönen Arkadengang. Verlässt man die Altstadt in östlicher Richtung über das **Schludernser Tor** und biegt danach rechts ab, trifft man auf ein Meisterwerk moderner Architektur mit der ❸ **Whisky-Destillerie Puni.** Sie vereint meisterhaft optischen und kulinarischen Genuss. Während sich im Erdgeschoss der Verkaufsraum befindet, kann man durch die Glasböden in die Destillerie im Souterrain blicken. Wem der Sinn nicht nach Whisky steht, sollte unbedingt den Vinschger Coffee Cream probieren.

Restaurant Flurin

Wir radeln zurück durch die Altstadt zum Radweg und setzen die Tour an der Etsch entlang fort. Der Weg verläuft geradeaus auf einem Deich am kanalisierten Fluss. Bei einem betonierten Wasserbecken wechseln wir auf das rechte Ufer. Bald darauf fahren wir durch ausgedehnten naturbelassenen Auwald. Bei einer Straßenüberquerung erkennen wir links am Berghang die Churburg bei **Schluderns.**

Der Weg verlässt schließlich das Etschufer, und wir folgen der Beschilderung, die uns durch ein Gebiet mit großen, von Bäumen umgebenen Fischteichen führt. Der bescheidene Wegweiser „Bar" weist auf das ④ **Restaurant am Teich** hin, das mit einer großen Terrasse idyllisch am Wasser liegt. Wir fahren weiter durch das **Biotop Pradersand** und sehen das schneebedeckte Ortlermassiv vor uns. Vorbei an einem Freizeitgelände mit Freibad und Campingplatz erreichen wir **Prad,** wo wir

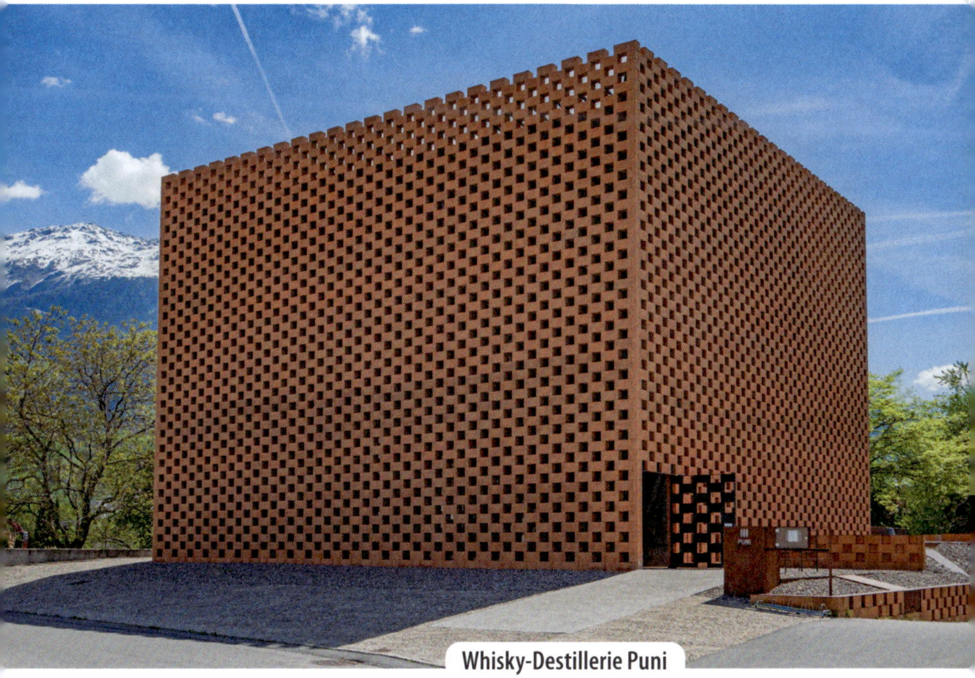

Whisky-Destillerie Puni

Restaurant am Teich

an einem Stoppschild links abbiegen. Beim Stoppschild an der Hauptstraße biegen wir abermals links ab, können aber zuvor einen kurzen Abstecher nach rechts zur ❺ **Kuntrawant Caffeebar** machen, die ihren eigenen Kaffee röstet und selbst gemachtes Eis anbietet. 100 Meter weiter liegt das ❻ **Nationalparkhaus aquaprad** mit einem Aquarium.

*Das **Nationalparkhaus aquaprad** der Nationalparkregion Stilfserjoch in Prad zeigt eine Dauerausstellung zum Thema Element Wasser. In zwölf Aquarien tummeln sich 30 heimische Fischarten, Sumpfschildkröten und andere Reptilien und Amphibien.*

Wir folgen der Radroute Richtung **Meran,** die an der nächsten Kreuzung rechts und sofort wieder links abbiegt. Bald radeln wir entspannt durch ausgedehnte Apfelplantagen auf das malerisch am Berghang liegende Dorf **Tschengls** zu. Davor biegen wir aber links ab und fahren weiter zwischen endlosen Reihen von Apfelbäumen bis an die Etsch. Ab hier führt der Radweg wieder am Fluss entlang. Wir halten kurz an einer strahlend weißen Skulptur aus Laaser Marmor mit dem Titel „Dialog". Kurz danach kommen wir an der „Unbekümmertheit" vorbei. Schließlich überqueren wir die Schienen der Marmorbahn, bevor wir **Laas** erreichen und am **Camping Badlerhof** mit einem netten Café vorbeikommen.

An der nächsten Kreuzung, an der die Radroute geradeaus weiterführt, machen wir einen kurzen Abstecher über die Brücke und dahinter links zur **Pfarrkirche St. Johannes** mit ihrer berühmten romanischen Apsis aus Laaser Marmor (nur außen). Links daneben befindet sich die schlichte profanisierte **St.-Markus-Kirche,** die seit ihrem Bau 1120–1130 äußerlich unverändert blieb. Im Dorfzentrum kann man auf dem mit weißen Marmor gepflasterten Platz im **Gasthaus Krone** eine kulinarische Pause einlegen.

Auf der Weiterfahrt passieren wir ein Wasserkraftwerk, hinter dem die Etsch nun endlich in ihrem natürlichen Flussbett fließen darf. Wir fahren durch idyllischen Wald, bis wir am **7 Radtreff Fischerteich Brugg** daraus wieder auftauchen. Das kleine hölzerne Gasthaus schmiegt sich an die Reste der Steinpfeiler des **Etschwaal-Aquädukts,** einer Wasserleitung aus dem 15. Jahrhundert. An einer Einkehr in dem Idyll am Wasser kommt man kaum vorbei. Anschließend radeln wir mal am linken, mal am rechten Etschufer weiter durch das malerische, stille Tal, das nur vom Rauschen des Flusses erfüllt wird.

Der Laaser Marmor zeichnet sich durch seine Härte und weiße Farbe aus und wird seit der Antike verwendet. Seit dem industriellen Abbau im 19. Jh. ist er bei Architekten und Künstlern weltweit beliebt. Führungen in die Marmorwelt kann man buchen: marmorplus.it.

Apfelplantagen mit Ortler

Schloss Kastelbell

In **Göflan** biegen wir hinter dem Eisenbahnviadukt links ab, um erneut die Etsch zu überqueren, und fahren gleich nach der Brücke beim **8 Am Platzl,** einem modernen kleinen Lokal mit Terrasse direkt über dem rauschenden Fluss, rechts weiter. Der Radweg führt uns bald wieder entlang der Etsch durch Apfelplantagen. Wir folgen dem Wasserlauf bis **Goldrain,** wo wir kurz hinter dem Ort auf die andere Seite wechseln und auf dem Radweg in gebührendem Abstand neben der **Staatsstraße 38** und am Fluss weiterfahren. Wir erreichen schließlich die Talstation der **Seilbahn St. Martin im Kofel,** wo wir eine Straße überqueren. Wir radeln 250 Meter entlang der Bahnlinie, bevor wir oberhalb der wild rauschenden Etsch und unterhalb der Straße durch ein enges Tal bergab fahren. Schließlich taucht über uns auf einem Fels das imposante **9 Schloss Kastelbell** auf. Rechts gegenüber auf der anderen Flussseite beim Bahnhof Kastelbell empfängt das **10 Restaurant Kuppelrain** mit seiner Sterneküche mittags und abends Gäste.

Wir radeln stets weiter ohne nennenswertes Gefälle am linken Ufer der schnurgerade kanalisierten Etsch. Nach 5,5 Kilometern recht monotoner Fahrt erreichen wir den Weiler **Staben,** wo wir auf das andere

Radbar

Ufer wechseln. Kurz danach kommen wir an einer netten kleinen **Bar** mit Imbiss für Radler vorbei. Wenn wir uns nach wenigen Hundert Metern umdrehen, sehen wir oben am Berg **Schloss Juval** liegen, in dem Reinhold Messner lebt. In **Naturns** werden wir wieder auf das linke Flussufer geleitet und erreichen nach 1 Kilometer wieder eine Brücke, wo unser Radweg geradeaus weiterführt, wir hier aber einen 900 Meter langen Abstecher zum Kirchlein **11 St. Prokulus** machen. Wir wechseln einfach auf die links parallel verlaufende Straße Richtung Meran und folgen ihr bis zur Kirche. Sie ist fast 1400 Jahre alt und mit einem wahrhaftig sensationellen Freskenzyklus aus dem 8. bis 10. Jahrhundert ausgestattet. Gegenüber der Kirche hat man ein kleines Museum eingerichtet.

Nach 5,5 Kilometern Fahrt immer direkt entlang dem Ufer der Etsch erreichen wir an der übernächsten Brücke **Rabland.** Direkt links von uns befindet sich in

Vinschgau mit Schloss Juval

St. Prokulus

Trauttmansdorffer Thronsessel

einer nüchternen Industriehalle ⑫ **Alps Coffee,** eine der führenden Kaffeeröstereien des Alpenraums, ein Familienbetrieb seit 1890. Im Shop gibt es Beratung und alle Kaffeesorten zu kaufen, wenn auch leider nicht zum Verkosten. Unweit von hier im Zentrum von Rabland wartet in der ⑬ **Eisenbahnwelt** die größte digitale Modelleisenbahnanlage Italiens. Auf 1000 Quadratmetern beeindrucken die detailgetreuen Südtiroler Landschaften im Maßstab 1:87 (H0). Wir radeln weiter Richtung **Töll,** wo die Berge das Tal in 500 Metern über dem Meeresspiegel deutlich verengen und wo die Grenze zwischen dem Vinschgau und dem Burggrafenamt verläuft. Von der Talenge geht es relativ flott hinunter nach **Meran** in 300 Metern Höhe. Zunächst passieren wir bei der Staustufe des **Wasserkraftwerks,** das den Höhenunterschied seit 1898 zur Stromgewinnung nutzt, und überqueren die **SS 38** an einem Zebrastreifen mit Ampelanlage.

Gleich danach biegen wir auf dem Radweg hinter der Leitplanke ab auf die **Alte Landstraße.** Rechts unten sehen wir schon Meran liegen. Nach 400 Metern werden wir um einen Parkplatz geführt, vorbei am Zugang zum **Algunder Waalweg.** Bevor wir uns in mehreren Serpentinen talwärts schrauben, erreichen wir durch einen Laubengang den Aussichtspunkt ⑭ **Trauttmansdorffer Thronsessel,** an dem wir den Ausblick auf Algund unten im Tal und dahinter Meran genießen. In der fünf-

Brauerei Forst

ten Kehre können wir an einem malerischen **Picknickplatz** unter Weinlauben gemütlich Rast machen.

Weiter geht es bergab an der rauschen Etsch bis zu einer hölzernen überdachten Brücke, über die man die gegenüberliegende **Brauerei Forst** erreicht. Dort kann man sich entweder im **Braugarten** mit Bier und bodenständigem Essen stärken, oder im ⑮ **Schlosswirt** einkehren, wo man die Wahl hat zwischen dem Wirtshaus und dem Sterne-Restaurant Luisl Stube. Unser Radweg führt nun in einem Bogen um den **Lido Algund** herum. Vorher werfen wir noch einen Blick in das winzige **Brückenkopf-Museum,** das sich links hinter dem Parkplatz des Lido befindet. Man sieht hier die Reste eines mittelalterlichen Brückenkopfs, der lange Zeit für römisch gehalten wurde.

Wir radeln weiter auf der Radroute, die uns bald zwischen Staatsstraße und Etsch weiter talwärts führt, schließlich die Straße unterquert und entlang der Passer nach **Meran** führt. Der Radweg kreuzt auf einem kleinen Bahnübergang eine einspurige Bahnlinie, hinter der wir links abbiegen und der Beschilderung folgend nach 700 Metern den Bahnhof erreichen.

*Der **Algunder Waalweg** ist ein malerischer Wanderweg, der entlang einem Bewässerungskanal aus dem 14. Jh. verläuft. Der Weg schlängelt sich auf ca. 5 Kilometern Länge eben entlang steiler Berghänge mit atemberaubenden Ausblicken auf die Berglandschaft.*

Reschensee
Haider-
see
SS40
Etsch
Burgeis
Schleis
Mals
Matsch
Laatsch
SS41
Glurns
Schluderns
SS40
Saldurbach
SP 50
Biotop
Pradersand
Prad am
Stilfserjoch
SS38
SS38
SS622
Tschengls
Etsch
SS38
Laas
Tarnell
Schlanders
Göflan
Goldrain
Latsch
SP 2
Kastelbell
Tschars
Vernagt-
Stausee
Vernagt
SP 3
SS38
Naturns
Plaus
Rabland
Partschins
Algund
Langsee
SS44
Passer
Meran
SS38
Lana
SS238
SP 9
Falschauer
Zoggler-
Stausee
Arzkarsee
Zufrittsee

ALLES AUF EINEN BLICK

Entspannung 5/5
Abenteuer 2/5
Vielfalt 5/5

WIE & WANN

Größtenteils Radwege, einige kaum befahrene Straßen, wenige geschotterte Wege, keine nennenswerten Steigungen. Mai bis Oktober befahrbar.

HIN & WEG

Auto: Mals: Parkplatz am Bahnhof, Bahnhofstraße 49 d, 39024 Mals;
Meran: Parkplatz Praderplatz, 4. Novemberstraße 16, 39012 Meran
ÖPNV: Bahnhof Mals; Rückkehr zum Ausgangspunkt: Vinschger Bahn von Meran

ESSEN & ENTSPANNEN

2 **Flurin,** Laubengasse 2, 39020 Glurns, Tel. +39 (04 73) 42 81 36, www.flurin.it
4 **Restaurant am Teich,** Kiefernhainweg 115, 39026 Prad am Stilfserjoch, Tel. +39 (3 46) 3 99 96 29
5 **Kuntrawant Caffeebar,** Mühlbachgasse 25, 39026 Prad am Stilfserjoch, Tel. +39 (04 73) 61 60 27, www.kuntrawant.com
7 **Radtreff Fischerteich Brugg**
8 **Am Platzl,** Hans-Dietl-Straße, 39028 Göflan, Tel. +39 (3 76) 1 78 95 40
10 **Restaurant Kuppelrain,** Bahnhofstraße 16, 39020 Kastelbell, Tel. +39 (04 73) 62 41 03, www.kuppelrain.com
12 **Alps Coffee,** Cutraunstraße 62, 39020 Rabland, Tel. +39 (04 73) 96 77 00
15 **Schlosswirt,** Vinschgauerstraße 4, 39022 Algund, Tel. +39 (04 73) 26 03 50, www.schlosswirt-forst.com

ENTDECKEN & ERLEBEN

1 **St.-Leonhard-Kirche**
3 **Whisky-Destillerie Puni,** Am Mühlbach 2, 39020 Glurns, www.puni.com
6 **Nationalparkhaus aquaprad,** Kreuzweg 4 c, 39026 Prad am Stilfserjoch, www.parconazionale-stelvio.it
9 **Schloss Kastelbell** 11 **St. Prokulus**
12 **Alps Coffee,** www.alps-coffee.it
13 **Eisenbahnwelt,** www.eisenbahnwelt.it
14 **Trauttmansdorffer Thronsessel**

Kur und Kulinarik

Von Meran ins Passeier

Da es im Passeier weder eine Bahnlinie noch einen Fahrradbus gibt, radeln wir dieselbe Strecke wieder zurück, wobei es auf der Rückfahrt durchgehend leicht bergab geht und wir dafür maximal 1 Stunde benötigen. Außerdem können wir dabei die herrliche Berglandschaft in der anderen Blickrichtung neu genießen. Unterwegs und in Meran gibt es genügend schöne und unterschiedliche Möglichkeiten für eine Einkehr.

Am Ende des Busbahnhofs beim **Bahnhof Meran** startet der Fahrradweg an der **Europa-Allee.** Kurz danach kommen wir an einen Kreisverkehr, an dem wir einfach dem deutlich markierten Radweg folgen und so rechts in die **Josef-Speckbacher-Straße** abbiegen. An der nächsten Gabelung halten wir uns links und biegen an der folgenden Abzweigung links Richtung **Stadtmitte** ab. Ab hier fahren wir auf der eleganten baumbestandenen **Carducci-Straße** bis zum **Theaterplatz,** wo sie endet. Gegenüber sehen wir das wunderschöne im Jugendstil erbaute **Stadttheater.** Wir biegen rechts und nach der Theaterbrücke über die Passer sofort links ab auf den **Thermenplatz.** Er verdankt seinen Namen der ❶ **Therme Meran,** ein gelungenes Beispiel moderner Architektur aus Glas und Stahl mit einer Traumwelt aus Pools, Saunen und anschließendem Thermenpark mit weiteren Becken.

Wir radeln am Ufer der Passer entlang, deren Verlauf wir durch Meran und die Kur-

Am Passerufer

Am Bahnhof Meran gibt es einen ***Fahrradverleih.***

Kilometer: 22 (44)

Höhenmeter: 400

Stunden: 3 (4,5)

STRECKE (hin & zurück)

Winterpromenade bei der Wandelhalle

*Im 19. Jh. entwickelte sich **Meran** dank der therapeutischen Wirkung seiner Luft zum Kurort. Nachdem die österreichische Kaiserin Sissi in den 1870ern hier weilte, wurde Meran berühmt und zum beliebten Kurort für Aristokratie und Bürgertum aus ganz Europa.*

promenaden ins Passeier folgen werden, während der Straßenverkehr in einen Tunnel unter uns verbannt wurde. Wir genießen den einmaligen Blick über den Fluss auf die Passerpromenade und dahinter das Kurhaus. Weiter rechts überquert die ebenfalls im Jugendstil erbaute Postbrücke die Passer, dahinter schaut der markante Glockenturm der Pfarrkirche aus der Altstadt heraus. An einem Zebrastreifen überqueren wir die **Romstraße** und radeln gegenüber in den **Elisabethpark** mit dem weißen Sissi-Denkmal, ein weiteres Wahrzeichen Merans. Wir folgen der Radwegbeschilderung ins **Passeiertal** weiter am Fluss entlang. Hier im schattigen Park sind wir auf der Sommerpromenade unterwegs, während der sonnenverwöhnte Weg am gegenüberliegenden Ufer bei der Wandelhalle **Winterpromenade** genannt wird.

Durch eine Unterführung queren wir die **Jaufenstraße** und sehen dann bald links von uns die spektakulär auf einem Felsen thronende ❷ **Zenoburg** hoch über der Gilfklamm. Wir verlassen langsam Meran, wo vor uns auf einer Anhöhe über Apfel- und Weingärten die markante Silhouette von **Schenna** auftaucht. Wir erkennen die alte Pfarrkirche und links daneben das neugotische Mausoleum. Links des Tals auf einer Anhöhe über Meran liegt **Dorf Tirol** am Fuße der Texelgruppe.

Wir kreuzen die Passer auf einer schmalen Brücke. Entspannt radeln wir mit konstant leichter Steigung fern von jeglichem Straßenlärm zwischen Fluss und ausgedehnten Obstplantagen. Schließlich wechselt der Weg wieder auf das östliche Ufer, wo wir nach etwa 1,5 Kilometern bei **Saltaus** wieder eine Brücke erreichen. Unterhalb der Brücke erkennen wir im Flussbett eine Betonmauer, die Wasser in einen Kanal ableitet, der Beginn des **Maiser Waals,** der hier – begleitet vom gleichnamigen Wanderweg – nach Schenna verläuft. Auf diesem Weg erreichen wir auch für einen Abstecher nach knapp 400 Metern, vorbei an einem **Paragliding-Landeplatz,** wo man jederzeit jeman-

Für die Seele

Kuratmosphäre genießen, rauschendem Gebirgswasser lauschen, Bergluft atmen und lokale Spitzenküche kosten.

Schenna

Apfelhotel Torgglerhof

den landen sehen kann, das ❸ **Apfelhotel Torgglerhof.** Der Hof ist eine in jeder Hinsicht gelungene Kombination aus Bauernhof, Weingut, Hofladen, Boutique-Hotel mit Day-Spa und Gourmetrestaurant, gelegen in einem Garten zum Träumen und umgeben von exquisiter Architektur. Ein paar Nummern kleiner, aber trotzdem mit modernem Ambiente, toller Lage direkt an der rauschenden Passer und Regionalität in der Küche bietet der ❹ **Radlstadl Saltaus** auf der anderen Seite der Brücke.

Radlstadl Saltaus

Am Wasser geht's weiter Richtung **St. Leonhard.** Dazu überqueren wir gleich wieder die Brücke. Wenig später fahren wir an einigen Häusern und einem Fahrradladen vorbei, bevor wir über eine alte gedeckte Holzbrücke wieder auf das westliche Flussufer wechseln. 300 Meter weiter lädt ein romantischer **Rastplatz** im Naturparadies am

Flussufer dazu ein, sich selbst mit einem Picknick zu verwöhnen.

Auf der Weiterfahrt kommen wir am Luxus Resort Quellenhof vorbei mit der 5 **Gourmetstube 1897,** die Spitzenküche mit drei schwarzen Hauben von Gault & Millau bietet. Wir radeln weiter, werden wieder auf das östliche Flussufer geleitet und bleiben dort bis **St. Martin in Passeier.** Hier können wir die Passer überqueren, um entweder zum 6 **Martinerhof Brauhaus** mit Südtiroler Küche, Pizza und selbst gebrautem Bier zu gelangen. Oder man besucht im alten Ortskern das 7 **Gasthaus Lamm,** das es seit 1694 gibt und Gault & Millau zwei rote Hauben wert ist.

Nach ungefähr 1,5 Kilometern unterqueren wir die **SS 44,** die hier die Passer kreuzt, und erreichen nach weiteren 450 Metern einen kleinen Abzweig nach rechts, auf dem man nach 100 Metern zum 8 **Sandwirt** kommt. Es war schon 1767 ein Gasthaus, als Andreas Hofer hier geboren wurde. Im ehemaligen Stall wurde

__Andreas Hofer__ gilt heute noch als Nationalheld. Er führte 1809 Aufstände gegen die bayerischen Besatzer an, die Tirol seit 1805 okkupierten und das Volk und seine Kultur unterdrückten. Er gewann drei Schlachten, wurde aber gefangen genommen und 1810 hingerichtet.

Passer bei St. Martin

Geburtshaus von Andreas Hofer

das **9 Museum Passeier** eingerichtet, in dem man Hofers Kleider und Waffen sehen und einiges über sein Leben erfahren kann.

Zurück auf dem Radweg, fahren wir weiter und sehen **St. Leonhard** vor einem quer zum Tal liegenden Berg vor uns liegen. Nach rechts führt eine Straße zum Jaufenpass, während links herum und deutlich enger das Passeiertal noch verläuft bis zum Timmelsjoch. Im Ort treffen wir auf eine abknickende Vorfahrtstraße, die nach rechts ins Zentrum führt und geradeaus zum **Passeirer Schluchtenweg.** Wir fahren Richtung Schlucht und an der nächsten Gabelung links in die Sackgasse, über die wir wieder an den Fluss kommen. Schließlich unterqueren wir eine Brücke, wo wir auf Busparkplätze und einen Sportplatz treffen. Fährt man hier einen Bogen nach rechts und dann über die Brücke, gelangt man zum **10 Brauhaus Brückenwirt** mit seinem Motto „Pizza, Pasta, Bier". Wir radeln aber immer geradeaus weiter, zunächst am Sportplatz und dann am **Erlebnis-Freibad St. Leonhard** vorbei. Wir folgen durch das hier sehr enge Tal dem asphaltierten Weg, der weiter an der Passer entlang schließlich in einen Schotterweg übergeht. Bald schon weitet sich das Tal wieder und gibt einen malerischen Blick frei über den Fluss und seine Sandbänke auf alte Häuser am Hang und dahinter auf die Ötztaler Alpen. Wir radeln noch ein Stück weiter bis zu einer Brücke. Ab hier geht es an der Passer nur noch zu Fuß weiter auf dem **11 Passeirer Schluchtenweg.** Wir lassen den Blick über die alpine Landschaft schweifen, bevor wir die Rückfahrt antreten.

Der erst 2015 angelegte ***Passeirer Schluchtenweg*** *führt von St. Leonhard nach Moos. Eine aufwendige Konstruktion aus Stahlbrücken, Stegen und Treppen ermöglicht den Zugang in die dramatisch schöne Schlucht auf einer 13 Kilometer langen Wanderung.*

Bauernhof bei St. Leonhard in Passeier

Platt
Pfelderer Bach
SP 114
Breitebner Straße
SP 115
Timmelsjoch Hochalpenstraße
Passer
SS44
Waltenbach
St. Leonhard in Passeier
Farmazonbach
Sprenger Bach
Hohe Wand
Hütterberg
Rossruggen
Matatzspitz
St. Martin in Passeier
Fartleisbach
Mulsspitz
Mutspitz
Kolbenspitze
Schonbühel
Pseirerstraße
Kalmbach
Sagbach
Quellenhof
Sattelspitz
Saltauserbach
Spitzhorn
Hochwart
Saltaus
Masulbach
Spronser Bach
Maiser Waalweg
Verdins
Mutkopf
Riffian
Maiser Waal
Kuens
SP 8
Dorf Tirol
SS44
Schenna
Kleiner Ifinger
Egger Jöchl
Jaufenstraße
Algund
SS38
SP 52
Etsch
Obermais
SP 98
Naifbach
Meran
Passer

ALLES AUF EINEN BLICK

Entspannung
Abenteuer
Vielfalt

WIE & WANN

Vorwiegend fein geschotterte Radwege, praktisch kein Kontakt mit Autoverkehr. Auf dem Hinweg durchgehend gleichmäßige leichte Steigung. April bis Oktober gut befahrbar.

HIN & WEG

Auto: Parkplatz Praderplatz, 4. Novemberstraße 16, 39012 Meran
ÖPNV: Bahnhof Meran

ESSEN & ENTSPANNEN

3 **Apfelhotel Torgglerhof,** Torgglerhof 19, 39015 Saltaus, Tel. +39 (04 73) 64 54 33, www.apfelhotel.com
4 **Radlstadl Saltaus,** Jaufenstraße 170, 39010 Riffian, Tel. +39 (04 73) 86 80 38, www.campingsaltaus.it
5 **Gourmetstube 1897,** Pseirerstraße 47, 39010 St. Martin, Tel. +39 (04 73) 64 54 99, www.quellenhof-gourmetstube1897.it
6 **Martinerhof Brauhaus,** Jaufenstraße 15, 39010 St. Martin, Tel. +39 (04 73) 64 12 26, www.martinerhof.it
7 **Gasthaus Lamm,** Dorfstraße 36, 39010 St. Martin, Tel. +39 (04 73) 64 12 40, www.gasthaus-lamm.it
8 **Sandwirt,** Passeirer Straße 72, 39015 St. Leonhard, Tel. +39 (04 73) 65 61 43, www.sandwirt.bz
10 **Brauhaus Brückenwirt,** Breitebnerstraße 2, 39015 St. Leonhard, Tel. +39 (04 73) 65 61 91, www.hoellenbraeu.com

ENTDECKEN & ERLEBEN

1 **Therme Meran,** Thermenplatz 9, 39012 Meran, Tel. +39 (04 73) 25 20 00, www.thermemeran.it
2 **Zenoburg**
9 **Museum Passeier,** Passeirer Straße 72, 39015 St. Leonhard, Tel. +39 (04 73) 65 90 86, www.museum.passeier.it
11 **Passeirer Schluchtenweg**

Genießerrunde

Entspannt durchs Etschtal

Startpunkt unserer Rundtour ist der Radweg an der **Bozner Straße** beim Freibad **Lido Lana** am östlichen Ortsende von Lana. Vom Parkplatz aus erreichen wir ihn am besten durch die Unterführung beim Schwimmbad oder über einen Zebrastreifen. Vom Bahnhof aus gelangt man mit dem Rad ganz leicht hierher. Man verlässt den **Bahnhof Lana-Burgstall** nach links und fährt auf der Bahnhofstraße nur gut 100 Meter bis kurz vor einer Brücke. Hier zeigt ein Radwegweiser nach rechts Richtung Burgstall. Wir treffen auf die **SP 69** und machen einen U-Turn, um auf dem Radweg neben der Straße nun immer geradeaus zu fahren. Dabei überqueren wir die Bahnlinie, die Etsch und die Schnellstraße Meran–Bozen. Kurz danach erreichen wir **Lana** auf der Bozner Straße.

Wir radeln Richtung Zentrum, wobei wir zuerst an der **Obstgenossenschaft Lanafruit** vorbeikommen. Beim darauf folgenden Kreisverkehr liegt links das stylische ❶ **Caffeehaus Kuntrawant,** das der gleichnamigen kleinen Südtiroler Rösterei gehört. Gleich nebenan ebenfalls in einem schicken modernen Gebäude bietet die Metzgerei ❷ **Viktor Kofler** außer Speck und Wurstwaren auch Südtiroler Käse zum Verkauf an. Wir folgen dem Radweg weiter entlang der **Bozner Straße,** wobei er noch vor der **Esso-Tankstelle** nach links schwenkt und hier ein kurzes Stück auf der alten Trasse der ehemaligen Lokalbahn Lana-Burgstall verläuft. Sie wurde 1913 elektrifiziert für den Personen- und Früchtetransport von Lana zum Bahnhof Burgstall angelegt. Wenn man stattdessen noch etwa 500 Meter auf der Bozner

*Der nächstgelegene Fahrradladen mit Verleih ist **Staffler Bike** und befindet sich in Lana im Feldgatterweg 2, in unmittelbarer Nähe zur Pircher Brennerei (www.stafflerbike.com).*

Kilometer: 27

Höhenmeter: 100

Stunden: 3

RUNDTOUR

*Der **Schnatterpeck-Altar** kann nur im Rahmen einer Führung besichtigt werden. Wer Wert auf eine Besichtigung legt, sollte die Planung der Radtour nach den beschränkten Öffnungszeiten ausrichten (Mo–Sa. um 11 Uhr sowie Mo–Fr. – außer Juli und August – auch um 15 Uhr, Tel. +39 (3 33) 4 34 25 96).*

Straße weiterfährt, kommt man zur ❸ **Pircher Brennerei,** in deren Verkaufsräumen man das komplette Angebot der hochwertigen Edelbrände erhält.

Der kurze Radweg stößt auf die **Zollstraße,** wo wir der blau auf die Fahrbahn gemalten Radspur nach links folgen. Schon an der ersten Abzweigung nach links biegen wir in den **Sonnenweg** ab, der uns in die Obstgärten und dann als asphaltierter Wirtschaftsweg weiter bis nach **Niederlana** führt. Wir fahren direkt auf den spitzen Kirchturm der **Pfarrkirche Niederlana** zu, in dessen Kirchenschiff sich der berühmte ❹ **Schnatterpeck-Altar** befindet. Der 14 Meter hohe vergoldete spätgotische Flügelalter wurde 1503–1511 vom schwäbischen Bildhauer Hans Schnatterpeck geschaffen und war der teuerste, der jemals in Tirol in Auftrag gegeben wurde.

Pfarrkirche Niederlana

Wir folgen dem Verlauf des Weges an der Kirche vorbei noch 150 Meter und erreichen das ❺ **Südtiroler Obstbaumuseum.** Es ist in einem mittelalterlichen Anwesen untergebracht, das als Wohnturm errichtet und erst seit dem 18. Jahrhundert landwirtschaftlich genutzt wurde. Ein Besuch des modernen Museums in den behutsam restaurierten Mauern ist alleine schon wegen der Stimmung lohnenswert.

Wir radeln zurück zur Kirche, halten uns dort zweimal rechts und verlassen das Dorfzentrum auf der **SP 158** in südlicher Richtung. An der Kreuzung am Ortsende kann man nach rechts einen 1,3 Kilometer langen Abstecher zum bei Einheimischen beliebten ❻ **Restaurant Krebsbach** machen. Spezialität im netten Familienbetrieb mit Sonnenterrasse in traumhafter Lage sind fangfrische Forellen aus der eigenen Fischzucht am Haus.

*Südtirol ist das größte **Obstanbaugebiet** Europas. Sechs Milliarden Äpfel werden hier jährlich erzeugt. Lana ist die größte und eine der ältesten Obstbaugemeinden des Landes. Der Export über den Brenner expandiert schon seit den 1860er-Jahren.*

Wir radeln weiter auf der kaum befahrenen **Provinzstraße 158** durch das Etschtal und durch endlose Reihen von Obstbäumen, die im April prächtig blühen und im Herbst voll mit Äpfeln hängen, von leuchtend grün über rosa bis violett. Nach langer Fahrt durch die Plantagen kommen wir an zwei einladenden rustikalen Einkehrmöglichkeiten vorbei. Zuerst treffen wir auf ❼ **Kathi's Jausenstation** und bald danach auf das ❽ **Restaurant Pircher,** beide mit durchgehend warmer Küche.

2 Kilometer nach dem zweiten Restaurant fahren wir an einer Linksabzweigung geradeaus nach **Nals.** Dort angekommen, gabelt sich die Straße, und wir fahren rechts Richtung Tisens und Prissian in die **Mühlgasse.** An der nächsten Abzweigung, an der wir gleich links abbiegen, sehen wir vor uns hinter einem seelenlosen Neubau den **Ansitz Stachelburg** herausschauen. Er wurde in der Frührenaissance erbaut und beherbergt heute das Restaurant ❾ **Stachelburgkeller** mit seinem romantischen Innenhof. Wir radeln durch die **Goldgasse,** biegen an der folgenden Kreuzung halb

Für die Seele

Wein- und Obstgärten, malerische Dörfer, Altes und Futuristisches, einkehren, riechen und genießen.

Kathi´s Jausenstation

Stachelburg

rechts ab in die Andreas-Hofer-Straße, wo wir am **⑩ Restaurant S' Passler** vorbeikommen. An der nächsten Gabelung halten wir uns rechts Richtung **Sirmian.** Bei der Kirche biegen wir wieder links ab Richtung **Andrian,** wo wir gleich vor der **⑪ Kellerei Nals Margreid** stehen. Die Architektur, vom Meraner Markus Scherer entworfen, in die ein Ansitz aus dem 18. Jahrhundert integriert wurde, ist bestechend. Ebenso beeindruckend ist die Qualität der Weine, die zu den besten Südtirols zählen und die wir hier verkosten können.

Kellerei Nals Margreid

Wir fahren die Straße leicht bergab, halten uns rechts und am folgenden Stoppschild wieder rechts, um über die **Andrianer Straße** den Ort zu verlassen. Dort bietet sich uns ein herrlicher Blick auf das Etschtal Richtung Bozen mit seinen Weinbergen und Obstplantagen und der dahinter aufragenden Rotwand. Wir folgen stets dem Verlauf der Straße am Wald entlang, über die wir **Andrian** erreichen. Kurz vor dem Dorf bietet rechts ein nettes kleines Freibad Gelegenheit für eine Erfrischung. Im Ort treffen wir auf die vorfahrtberechtigte **Sonnenstraße.** An der Kreuzung bestaunen wir das ehemalige Postamt, das bis zum Dach komplett unter dem Bewuchs von Blauregen verschwunden ist. Rechts befindet sich der traditionelle Gasthof **⑫ Schwarzer Adler.** Dort isst man gut in alttirolerischen Stuben oder im Gastgarten unter Weinlauben.

*Die Winzergenossenschaft **Nals Margreid** produziert eine breite Palette von Weißweinen wie Chardonnay, Sauvignon Blanc, Gewürztraminer, Pinot Bianco und Pinot Grigio sowie Rotweine wie Lagrein, Vernatsch und Blauburgunder.*

Wir sausen nun die **Sonnenstraße** hinunter, lassen aber gleich den Straßenverkehr hinter uns, indem wir kurz vor dem Ortsende links in den **Steinweg** abbiegen. Wir folgen dem Verlauf des schmalen Sträßchens durch schöne Obstgärten. Nach gut 1 Kilometer überqueren wir die Schnellstraße Bozen–Meran und die Etsch und biegen unmittelbar danach links ab an das Flussufer.

Etschtal bei Nals Margreid

Auf diesem breiten Radweg am grün bewachsenen Uferstreifen fahren wir nun entspannt steigungs- und kreuzungsfrei etwa 6 Kilometer bis zum **Bahnhof Gargazon.** Dort erreichen wir durch eine Unterführung das ⑬ **Naturbad Gargazon,** dessen Name nicht zu viel verspricht. Hier kann man in einem Freibad mit natürlichem, ungechlortem Wasser zwischen Schilf, Seerosen und Libellen ein Bad in der Natur nehmen und in einem Fünfzigmeterbecken seine Bahnen ziehen. Beim benachbarten Tennisplatz gibt es eine kleine Bar.

Wir radeln nun noch 4 Kilometer weiter bis zum **Bahnhof Lana-Burgstall,** von dem wir durch die Bahnlinie getrennt sind. Wir fahren am Bahnhof vorbei noch gut 200 Meter weiter, wo der Weg leicht ansteigt und wir nach rechts einen U-Turn machen und dabei die Bahnlinie überqueren. Kurz danach unterqueren wir eine Straßenbrücke. Fährt man hier geradeaus weiter, erreicht man den Bahnhof. Biegt man links ab Richtung Burgstall, trifft man auf die Straße zwischen Burgstall und Lana. Hier geradeaus schräg gegenüber der Tankstelle wartet noch eine letzte Einkehrmöglichkeit: das ⑭ **Restaurant Etschgrund** mit hausgemachter Pasta und Südtiroler Spezialitäten. Um zum Startpunkt der Radtour an der **Bozner Straße** zu gelangen, radeln wir auf dem Radweg entlang der Straße in die andere Richtung, also über die Etsch und dann noch ca. 300 Meter bis zum Parkplatz am Lido.

Von Blauregen überwuchertes Haus

Radweg an der Etsch

Lana
3
Via Bolzano
P
14
SS38
Burgstall
Wolfsbühel
SP 98
Vöran
Romstraße
2
1
Sonnenweg
4
5
Niederlana
Lahnstraße
Brandis
Giessengraben
Etsch
Unterackpfeif
SP 158
Aschler Bach
Gargazon
6
SS238
Schlaneid
SP 159
13
Reichstraße
SP 165
7
Tisens
8
Vorbichl
Vipianer Bach
SP 10
Nalser Bach
Vilpian
Prissian
Gemolbichl
SP 10
Meraner Straße
Vilpianer Straße
Prissianerbach
9
Nals
10
11
Hauptstraße
Payersbergbach
Andrianer Straße
Terla
Steinweg
Etsch
Wehrburgstraße
SS38
SP 11
Andrian
12
SP 54

ALLES AUF EINEN BLICK

Entspannung
Abenteuer
Vielfalt

WIE & WANN

Größtenteils kaum befahrene Straßen und asphaltierte Feldwege, wenige kleine Steigungen. Beste Jahreszeiten: Frühling und Herbst.

HIN & WEG

Auto: Parkplatz Lido Lana (kostenlos), Feldgatterweg, 39011 Lana
ÖPNV: Bahnhof Lana-Burgstall

ESSEN & ENTSPANNEN

1 **Caffeehaus Kuntrawant,** Josef-Aigner-Straße 2, 39011 Lana, Tel. +39 (04 73) 86 48 33, www.kuntrawant.com
6 **Restaurant Krebsbach,** Unterackpfeif 15, 39011 Lana, Tel. +39 (04 73) 56 14 09, www.krebsbach.it
7 **Kathi's Jausenstation**
8 **Restaurant Pircher**
9 **Stachelburgkeller,** Prissianer Straße 2, 39010 Nals, Tel. +39 (04 71) 67 85 58, www.stachelburgkeller.it
10 **Restaurant S' Passler,** Andreas-Hofer-Straße 6, 39010 Nals, Tel. +39 (3 39) 1 08 70 63
12 **Schwarzer Adler,** St.-Urban-Platz 4, 39010 Andrian, Tel. +39 (04 71) 51 02 88, www.schwarzeradler-andrian.net
14 **Restaurant Etschgrund,** Bahnhofstraße 14, 39014 Burgstall, Tel. +39 (04 73) 29 24 10, www.etschgrund.com

ENTDECKEN & ERLEBEN

2 **Viktor Kofler,** Bozner Straße 78/2, 39011 Lana, www.viktor-kofler.it
3 **Pircher Brennerei,** Bozner Straße 17, 39011 Lana, www.pircher.it
4 **Schnatterpeck-Altar,** Pfarrplatz 5, 39011 Lana
5 **Südtiroler Obstbaumuseum,** Brandiswaalweg 4, 39011 Lana, www.obstbaumuseum.it
11 **Kellerei Nals Margreid,** Heiligenberger Weg 2, 39010 Nals, www.nalsmargreid.com
13 **Naturbad Gargazon,** Bahnhofstraße 37, 39010 Gargazon, www.naturbad-gargazon.it

Schloss Sigmundskron

Verwöhntour

Rundfahrt durch Überetsch

Tunnel Frangart

Wir verlassen den **Bahnhof Sigmundskron** nach rechts und treffen auf die vorfahrtberechtigte **Sigmundskroner Straße.** Hier biegen wir rechts ab über den beschrankten Bahnübergang und wechseln nach links auf den Radweg neben der Straße. Unmittelbar hinter der Brücke über die Etsch biegen wir links ab. Vor uns sehen wir den aus dem Etschtal aufragenden Mitterberg und das Schloss Sigmundskron, eine der größten Burganlagen Südtirols. 2006 eröffnete Reinhold Messner hier eines seiner sechs Messner Mountain Museen.

Links vor uns sehen wir eine ehemalige Eisenbahnbrücke über die Etsch, auf der heute der **Überetscher-Bahn-Radweg** nach Kaltern verläuft. Über diese Trasse, auf die wir hier nun nach rechts abbiegen, können wir dank konstanter leichter Steigung den Höhenunterschied von rund 200 Metern nach Kaltern entspannt überwinden. Nach einer lang gezogenen Linkskurve um den Berg unterqueren wir eine Straße und sehen eine Abzweigung mit dem Wegweiser zum **Schloss Sigmundskron.** Dort befindet sich das ❶ **Messner Mountain Museum,** das man von hier nach 700 Metern mit 60 Metern Höhenunterschied auf einem Abstecher erreichen kann. Kurz danach tauchen wir in den beleuchteten **Eisenbahntunnel Frangart** ein. Zurück im Tageslicht, bietet sich uns ein schöner Blick auf die Weinberge des Überetsch bis hin

Kilometer: 38
Höhenmeter: 220
Stunden: 4
RUNDTOUR

Radstation Frangart

*Die **Überetscher Bahn** war eine 1898 eröffnete Lokalbahn, die bei Sigmundskron abzweigte und nach Kaltern führte, um Anschluss an das Überetsch zu bieten. Sie diente dem Fremdenverkehr und dem Transport von Obst und Wein. 1911 wurde sie elektrifiziert.*

zum Etschtal. Wir treffen hier auch auf die ❷ **Radstation Frangart** in traumhafter Lage mit nettem Wirt, von der aus wir den Ausblick bei leckerem Essen ausgiebig genießen können.

Auf der Weiterfahrt kommen wir an einer Reihe geschniegelter Zypressen und einer interessanten Skulptur vorbei, die über dem Radweg hängt. Bald danach verläuft der Weg wieder durch einen **Tunnel,** um uns unnötige Steigungen im Gelände zu ersparen. Im Anschluss schmiegt sich die Trasse an den bewaldeten Berghang. Bei **St. Michael** nähert sich unser Weg der **Staatsstraße 42** und führt gute 2 Kilometer an ihr entlang. Einmal macht der Weg einen kleinen Haken, wo wir einfach der Beschilderung folgen, um wieder auf der Bahntrasse zu landen. Bald darauf entfernen wir uns wieder von der Straße und gleiten nun steigungsfrei durch ein idyllisches Tal mit Weinbergen und Obstgärten.

Schließlich treffen wir am Rande von **Kaltern** wieder auf eine Straße, wo wir direkt die ❸ **Vinothek** der Kellerei Kaltern erreichen. Im stylischen Bau kann man

Wein probieren, kaufen oder an der Bar einfach genießen. Das Hauptelement der Fassade bildet die stilisierte Form des Vernatschblatts. Auf der Weiterfahrt kommen wir bald am ehemaligen **Bahnhofsgebäude** vorbei, der Endstation der ehemaligen Überetscher Bahn, wo wir nun gleich vor dem ❹ **Winecenter** der Kellerei Kaltern stehen. Das Gebäude gleich einer monolithischen Figur dient nicht nur dem Weingenuss, sondern auch als Ort kultureller Veranstaltungen. Hier befindet sich auch eine Filiale der Feinkostkette PUR Südtirol.

Für die Seele

Sanft Höhen erklimmen, kulinarisch genießen, Architektur bestaunen, durch malerische Landschaft gleiten.

Wir radeln auf der **Bahnhofstraße** vorbei am Winecenter und halten uns an der nächsten Gabelung rechts, wo wir immer geradeaus in die historische Altstadt von **Kaltern** gelangen. Über die Andreas-Hofer-Straße mit prächtigen alten Häusern erreichen wir den **Marktplatz.** Hier haben wir nun das

Vinothek Kaltern

Südtiroler Weinmuseum

wichtigste Etappenziel und den höchsten Punkt der heutigen Radtour erreicht. Wir parken unsere Räder am zentralen Platz vor dem Rathaus, wo wir die wunderbare südländische Atmosphäre genießen können. Links vom Rathaus steht die Pfarrkirche mit schönem barockem Innenraum und einem gotischen 72 Meter hohen Glockenturm. Im übernächsten Gebäude rechts vom Rathaus befindet sich das 5 **Südtiroler Weinmuseum.** In den eindrucksvollen Gewölben des Zehntkellers aus dem 17. Jahrhundert sind Weinpressen und andere Gerätschaften der Winzer ausgestellt. Am Marktplatz um den barocken Brunnen mit Mariensäule kann man sich in einem der Lokale niederlassen und sich etwa bei 6 **Eis Innerhofer** oder im 7 **Laubencafé** einen Eisbecher bestellen. Man kann auch in der **Andreas-Hofer-Straße** durch Geschäfte bummeln und in der 8 **Weinschmiede** oder dem 9 **Goldenen Stern** Südtiro-

ler Spezialitäten und gute Tropfen von der sonnenverwöhnten Weinstraße genießen.

Um die Tour fortzusetzen, fahren wir die Andreas-Hofer-Straße wieder zurück bis zum Ende der verkehrsberuhigten Zone und biegen dort rechts ab in den **Montigglerweg,** der uns hinunter zur **Weinstraße** führt. Diese überqueren wir und folgen den Radwegweisern Richtung **Kalterer See,** den wir schon unten im Tal in den Weinbergen liegen sehen. Wir radeln nun lange bergab durch Obstgärten, die von Weinbergen abgelöst werden. Wir treffen auf die **SP 162** und folgen dieser, dann erreichen wir eine Gabelung, an der wir uns rechts halten Richtung **Radroute Auer.** Sollten wir jedoch Lust verspüren, auf der Seeterrasse im Café Restaurant des **⑩ Seehotels Ambach** den versprochenen einmaligen Seeblick zu genießen, müssen wir hier ganz rechts den schmalen asphaltierten Weg nehmen. An der nächsten Gabelung biegt man dann links ab

Der Kalterer See ist der wärmste Badesee und das größte natürliche Gewässer Südtirols. Im Süden befindet sich ein Schilfgürtel, das größte Feuchtgebiet nördlich der Poebene in Italien. Es ist als Biotop ausgewiesen, Wissenschaftler konnten über 100 Vogelarten zählen.

Kalterer See

und folgt am Endes des Hotelgebäudes dem Wegweiser. Fährt man anschließend auf dem Weg am See weiter, der leider nicht den eventuell erhofften Blick auf das Wasser bietet, gelangt man wieder zur Straße.

Fahren wir ab der Gabelung weiter auf der Straße und nicht hinunter zum Seehotel, genießen wir einen wunderbaren Blick auf den friedlich daliegenden Kalterer See. Am gegenüberliegenden Ufer ist dank großem Parkplatz, Campingplatz, Jachthafen, Lido und öffentlichem Zugang zum See deutlich mehr Trubel. Kurz bevor unser Weg durch einen Wald führt, geht es rechts hinunter zum ⑪ **Strandbad Klughammer** mit Kiosk und Gasthof. Kurz bevor wir den Wald wieder verlassen, führt rechts ein Fußweg in den **Auwald** am Rande des Biotops, das den Schilfgürtel am südlichen

Etsch und Mitterberg

Seeende umfasst. An der nächsten Abzweigung erreicht man über einen Abstecher nach 800 Metern die ⓬ **Aussichtsplattform Kuchelweg**, die einen Blick über das Feuchtgebiet ermöglicht.

Wir radeln weiter zwischen Wald und ausgedehnten Apfelplantagen, bis wir auf die Vorfahrtstraße **SP 127** treffen. Sollte gerade Spargelzeit sein, die hier von Februar bis Juni geht, lohnt hier ein kurzer Abstecher 100 Meter nach rechts zum Hofladen des **Condin Spargelhofs.** Wir biegen links ab, kommen gleich an ⓭ **Viktors Imbiss** vorbei, der mit dieser Bezeichnung eher etwas tiefstapelt. Direkt hinter der **Etschbrücke** biegen wir links ab und wechseln nach 170 Metern bei einem Zebrastreifen auf den Radweg links der Straße. Nach 80 Metern biegen wir beim Wegweiser **Radroute Bozen** links ab in die Unterführung einer Bahnlinie. Ab hier fahren wir nun ganz entspannt auf einem Deich direkt an der Etsch durch das **Unterland** fast bis

*Der **Mitterberg** oder Mittelberg ist ein etwa 14 Kilometer langer bewaldeter Bergrücken im Etschtal zwischen Bozen und Auer. Sein Kamm trennt die Hügellandschaft des Überetschs mit den Gemeinden Kaltern und Eppan vom Talboden des Unterlands, durch das die Etsch fließt.*

Bozen. Rechts blicken wir auf Apfelplantagen, und links hinter dem Fluss ragt steil der Mitterberg auf, hinter dem das Überetsch liegt, durch das wir bisher gefahren sind. Zwischen Etsch und Bergkante verläuft die Brennerautobahn, die aber dank des Flüsterbelags kaum zu hören ist.

Nach etwa 7 Kilometern überqueren wir den Fluss auf einer schicken weißen Brücke, um am anderen Ufer weiterzufahren. Nachdem wir die Autobahn unterquert haben, nähern wir uns dem **Mitterberg.** Später fahren wir an einem eingezäunten Gelände vorbei, auf dem sich ein Fahrsicherheitszentrum, ein Motocrossgelände und eine Kartbahn befinden. Am Ende des Geländes, wo eine alte Stahlbrücke über das Wasser führt, liegt der **Zusammenfluss von Etsch und Eisack.** Nach 800 Metern überqueren wir die Etsch und fahren nun auf einem schmalen Streifen Land zwischen beiden Flüssen, die hier parallel verlaufen. Wir radeln nun 3 Kilometer linksseitig der Eisack bis kurz vor einer Brücke, die am Rande von **Bozen** den Fluss überspannt. Hier biegen wir bei einem Rastplatz links ab und nach 70 Metern vor der Etsch wieder rechts Richtung **Meran.** Vor uns ragt ein runder Turm auf, wieder ein schönes Beispiel moderner Architektur, bei dem wir uns fragen, was es wohl sein mag. Technik trifft Architektur und Kunst, könnte man sagen. Der **⑭ Alperia Tower** wurde von einem Bozner Architekturbüro und einer Künstlerin entworfen und ist die Ummantelung eines Wasserspeichers eines Fernwärmekraftwerks.

Wir radeln nun entlang der Etsch auf einem Deich und sehen vor uns die Mauern von Schloss Sigmundskron. Wir unterqueren die Brücke der Schnellstraße nach Meran, die hier gleich in einem Tunnel direkt unter dem Schloss verschwinden wird. Die nächste Brücke nach 650 Metern ist die alte Eisenbahnbrücke, mit der der Überetscher-Bahn-Radweg beginnt. Nach der Brücke biegen wir rechts ab und fahren zurück zum **Bahnhof Sigmundskron,** wie wir gekommen sind.

Alperia Tower

Bozen
Sigmundskron
Missian
Frangart
St. Pauls
Girlan
St. Jakob
St. Michael (Eppan)
Gand
Kofel
Wilder-Mann-Bühel
Zusammenfluss Etsch und Eisack
Steinmannwal
Kleiner Montiggler See
Kleiner Priol
Großer Montiggler See
Leifers
Montiggler Wald
Montiggl
Großer Priol
Pfatten
Kaltern an der Weinstraße
Zwölferbühl
Branzoll
Petersberger Bach
Nasbich
Klughammer
Göller Spitz
Rastenbach
Kalterer See
Kaiserberg
Aldeir
Auwald
Großer Kalterer Graben
Tramin an der Weinstraße
Auer
Bergweg
Boznerstraße
Girlaner Straße
Weinstraße
Etschgraben
Etsch
Eisack
Lisnerbach
SS38
SS42
SS12
SP 54
SP 14
SP 15
SP 55
SP 62
SP 127
SP 162
SP 169
22
1
2
3
4
5
6
7
8
9
10
11
12
13
14

ALLES AUF EINEN BLICK

Entspannung 4/5
Abenteuer 2/5
Vielfalt 3/5

WIE & WANN

Größtenteils asphaltierte Radwege, eine lange konstant leichte Steigung. Am schönsten Frühling und Herbst.

HIN & WEG

Auto: Parkplatz am Bahnhof (kostenlos), 39100 Sigmundskron
ÖPNV: Bahnhof Sigmundskron

ESSEN & ENTSPANNEN

2 **Radstation Frangart,** Sepp-Kerschbaunmer-Straße 11 g, 39057 Frangart, Tel. +39 (3 35) 48 55 55
6 **Eis Innerhofer,** Marktplatz 10, 39052 Kaltern, Tel. +39 (04 71) 96 32 76, www.eisdiele-innerhofer.com
7 **Laubencafé,** Marktplatz 6, 39052 Kaltern, Tel. +39 (3 39) 8 01 66 91
8 **Weinschmiede,** Andreas-Hofer-Straße 13, 39052 Kaltern, Tel. +39 (3 39) 8 01 66 91, www.weinschmiede.it
9 **Goldener Stern,** Andreas-Hofer-Straße 28, 39052 Kaltern, Tel. +39 (04 71) 96 31 53, www.goldener-stern.it
10 **Seehotel Ambach,** Klughammer 3, 39052 Kaltern, Tel. +39 (04 71) 96 00 98, www.seehotel-ambach.com
13 **Viktors Imbiss,** Gmund 11, 39051 Pfatten, Tel. +39 (04 71) 81 13 83, www.viktors.it

ENTDECKEN & ERLEBEN

1 **Messner Mountain Museum,** Sigmundskroner Straße 53, 39100 Bozen, Tel. +39 (04 71) 63 12 64, www.messner-mountain-museum.it
3 **Vinothek,** Kellereistraße 12, 39052 Kaltern, www.kellereikaltern.com
4 **Winecenter,** Bahnhofstraße 7, 39052 Kaltern, www.kellereikaltern.com
5 **Südtiroler Weinmuseum,** Goldgasse 1, 39052 Kaltern, www.weinmuseum.it
11 **Strandbad Klughammer**
12 **Aussichtsplattform Kuchelweg**
14 **Alperia Tower**

Alois Lageder Paradeis

Sinnesfreuden

Weinstraße und Unterland

Wir beginnen unsere heutige Rundfahrt am **Bahnhof Neumarkt-Tramin.** Dazu folgen wir am Kreisverkehr dem Wegweiser Richtung Zentrum und fahren ein kurzes Stück durch ein Industriegebiet. An der neuen eleganten Brücke, die die Autobahn **A 22** und die Etsch überspannt, fahren wir auf den breiten Radweg und biegen danach rechts ab auf den **Etschtal-Radweg** am Flussufer. Hier radeln wir nun ganz entspannt auf dem gut asphaltierten Weg Richtung Süden.

*Der nächstgelegene **Fahrradverleih** ist in Tramin (ebike-dreams.com).*

Nach etwa 3,5 Kilometern, wo eine Brücke den Fluss überspannt, haben wir die Möglichkeit, einen kurzen Abstecher nach links zur nahe gelegenen romanischen ❶ **Kirche St. Florian** zu machen. Das kleine Gotteshaus aus dem 12. Jahrhundert ist eines der ältesten in ganz Tirol und liegt idyllisch auf einer Wiese neben dem ehemaligen Pilgerhospiz. Die Apsis (außen) ist mit einem wunderschönen Rundbogenfries geschmückt.

Nach 800 Metern verlassen wir den Uferradweg und biegen links ab nach **Laag,** überqueren die **SS 12** und folgen hier dem Verlauf der Straße mit dem unpassenden Namen **Schotterweg.** An einer T-Kreuzung fahren wir rechts und danach links auf die **Hauptstraße.** Dem Verlauf der Straße folgen wir ins Ortszentrum, wo sie erst eine Links- und dann eine Rechtskurve macht. Nun biegen wir an der nächsten Abzweigung links ab in den **Gfrillnerweg.** Wir fahren geradeaus bis an das Ortsende, wo wir an einer Gabelung rechts auf einen asphaltierten Weg abbiegen und durch eine stille und malerische Landschaft zwischen Waldrand, Apfelgärten

Kilometer: 37
Höhenmeter: 75
Stunden: 6
RUNDTOUR

Haderburg über Salurn

und Weinbergen Richtung Salurn fahren. Wir kommen an vereinzelten Bauernhäusern und am Fischrestaurant ❷ **Baita Garba** vorbei, das sich links in idyllischer Lage unter hohen Bäumen geradezu versteckt.

Vor uns erkennen wir schon die **Salurner Klause,** womit die deutlich erkennbare Verengung des Etschtals gemeint ist, die gleichzeitig die Grenze zum Trentino bildet. **Salurn** ist somit der südlichste Ort Südtirols. Wir treffen kurz vor dem Ort auf die **SP 129,** der wir nach rechts 900 Meter folgen, bis wir an der schlichten Loretokapelle links in die **Kaltentalstraße** abbiegen. Nach 200 Metern liegt links der recht unscheinbare Zugang zum ❸ **Titschenfall,** wo je nach Wetterlage mehr oder weniger Wassermassen einen Felshang hinabstürzen und ein beeindruckendes Naturschauspiel bieten. Wir biegen rechts ab in die **Wasserfallstraße,** über die wir hinunter in die Ortsmitte von Salurn zum **Rathausplatz** fahren. Rechts in einer Seitengasse befindet sich das Weingut ❹ **Ansitz CEO** mit eigener Vinothek, wo man im Sommer in gemütlicher Runde im Garten oder auf der Terrasse Wein und eine Tiroler Brettljause ge-

Die Haderburg scheint unbezwingbar, ist aber in etwa 20 Minuten über einen Serpentinenweg vom Tal aus erreichbar. Oben erwartet den Wanderer außer einer fantastischen Aussicht eine Stärkung in der rustikalen ***Haderburgschänke*** *(www.haderburg.eu).*

nießen kann. Vom Ort aus sieht man die **Haderburg,** die hoch über Salurn in kühner Lage auf einem schmalen Vorsprung vor einer gigantischen Felswand thront.

Wir radeln nun zur Weinstraße, die an der gegenüberliegenden Talseite verläuft. Dazu fahren wir vom Rathausplatz die Straße hinunter und immer geradeaus. Von der Brücke über die Etsch haben wir einen wunderbaren Blick auf die Talenge Salurner Klause, durch die Fluss, Eisenbahn, Autobahn und Landstraße Richtung Süden streben. Am Kreisverkehr beim Salurner Bahnhof fahren wir rechts auf der SP 19 Richtung **Weinstraße.** Ab hier müssen wir nun etwa 3 Kilometer bis **Kurting** auf der mäßig befahrenen Landstraße fahren. Im nüchtern wirkenden Dorfkern folgen wir der Straße in einer Rechtskurve. Am folgenden Kreisverkehr fahren wir links Richtung **Margreid.** Am Stoppschild fahren wir weiter geradeaus durch Obst- und Weingärten. Wir bleiben stets auf der **SP 19,** auf der wir uns langsam einer Felswand nähern. Nach dem Ortsschild von **Margreid,** wo die Straße eine Rechtskurve macht, biegen wir links ab, wo wir nun auf einer Nebenstraße unter der Felswand nach Margreid fahren.

Für die Seele

Kulturlandschaften, tolle Aussichten, malerische Orte, Weinsorten genießen und genussvoll einkehren.

Wir erreichen den malerischen Ortskern mit seinen prächtigen Renaissancehäusern und winkeligen Gassen durch die **Pfarrgasse,** die sich hier zwischen Kirchenschiff und frei stehenden Turm von **St. Gertraud** quetscht. Das barocke Kircheninnere soll übrigens zu den schönsten von ganz Südtirol zählen. Wir sollten hier sowieso die Räder abstellen,

Margreid

Alois Lageder Paradeis

Älteste Rebe Südtirols

um diesen malerischen kleinen Ort zu erkunden und auf uns wirken zu lassen. Am zentralen **Sankt-Gertraud-Platz** liegt auch der Zugang zum ❺ **Alois Lageder Paradeis,** wobei die Anspielung auf Paradies gewollt und nicht übertrieben ist. Es ist ein Erlebnis für alle Sinne. Die stimmungsvollen historischen Räume des Anwesens werden als Vinothek, Restaurant und für Veranstaltungen genutzt. Im malerischen Hof lädt das exquisite Restaurant zum Genießen ein. Hier ist übrigens alles bio, vom Wein bis zu den Speisen. Eine Sehenswürdigkeit, die wir uns nicht entgehen lassen sollten, rankt in der **Grafengasse** an einer Hauswand hoch. Die **älteste Rebe Südtirols** wurde 1601 gepflanzt.

Wir verlassen den kleinen Ort durch die **Schmiedgasse,** die von der Grafengasse rechts abzweigt. Bei einem Stoppschild kreuzen wir die **SP 19** und radeln geradeaus weiter durch Apfelplantagen. Wir folgen lange der kleinen, kaum befahrenen Straße durch das Unterland. Am ersten Kreisverkehr wird sie zur **SP 58.** Am zweiten Kreisverkehr bietet sich die Möglichkeit zu einem 600 Meter langen Abstecher zur neuen **6 Vinothek der Kellerei Kurtatsch.** Die Architektur der Nordfront nimmt gekonnt die Ästhetik der umliegenden Felswände auf. Wieder ein Genuss für Auge und Gaumen.

St.-Valentin-Kirche

Wir radeln immer weiter auf der SP 58 bis zu einer Rechtskurve, an der wir sie geradeaus verlassen und auf einem asphaltierten Feldweg weiterfahren. Bei einem weißen Haus fahren wir links und an der nächsten Abzweigung wieder rechts. Links ziehen sich die Reben die Hänge hinauf, während sich in der Ebene die Obstplantagen ausbreiten. Am Rande von **Tramin** stößt unser Weg auf die Weinstraße. Um einen Abstecher zur 300 Meter entfernten **7 St.-Valentin-Kirche** zu machen, muss man hier scharf links abbiegen. Die Kirche mit spätromanischem Turm und schönen Fresken aus dem 14. und 15. Jahrhundert ist aber leider verschlossen, den Schlüssel bekommt man im Tourismusbüro Tramin. Wir radeln auf der Weinstraße zunächst bis zur nächsten Abzweigung. Hier kann man nach rechts einen Genussabstecher zu zwei bekannten großen Brennereien machen, **8 Roner** und **9 Psenner,** die an der **SP 16** in 400 bzw. 800 Metern Entfernung liegen.

Weiter geht es auf unserer Radroute zunächst geradeaus und an der ersten Abzweigung links steil hinauf in das Zentrum von Tramin. An der ersten Gabelung

Tramin an der Weinstraße

Kellerei Tramin

weist ein Schild nach links zum **Weingut Elena Walch,** einem der bekanntesten Südtiroler Weingüter. Dort wartet ein schick designtes Gartenbistro täglich auf Gäste (www.elenawalch.com). Wir fahren noch ein Stück weiter bergauf und erreichen beim modernen Restaurant **Goldene Traube** (www.goldene-traube.it) den **Rathausplatz** im historischen Ortszentrum von **Tramin.** Sehr schön genießen kann man die besondere Atmosphäre dieses Platzes mit malerischen alten Gebäuden von der Terrasse des Restaurants **Alte Post** (www.alte-post-tramin.com) gegenüber der **Pfarrkirche** aus. Die Kirche mit dem 93 Meter hohen gotischen Turm wartet im Innern mit zwei sehenswerten Freskenzyklen aus dem 15. Jahrhundert auf.

Wir radeln die **Hans-Feur-Straße** mit einigen schönen Ansitzen hinunter, wobei wir uns an der Gabelung links halten. Am Ende der Altstadt halten wir uns rechts und radeln hinunter bis zur **Weinstraße,** auf die wir links abbiegen. 100 Meter weiter steht zwischen dem Ort und den Weinbergen die ⑩ **Kellerei Tramin** mit außergewöhnlicher Architektur. Von der Vino-

*Der **Traminer** ist eine der ältesten Weinsorten, die schon die Römer anbauten, in Südtirol seit dem Mittelalter. Durch den regen Weinhandel, der von Tramin ausging, bekam er den Namen. Es gibt Varianten wie den Roten, den Gelben Traminer und Gewürztraminer.*

Radweg nach Castelfeder

thek bietet sich ein traumhafter Rundumblick auf die Weinberge und das Unterland. Den sollte man gerne mit einem Glas Traminer auskosten.

Wir radeln an der folgenden Gabelung rechts ab auf die **SP 127** Richtung **Auer.** Hier liegt rechts das üppig ausgestattete ⑪ **Sport- und Erlebnisbad** mit 50-Meter-Becken, Kletterfelsen, Wasserfall, Whirlpool und Unterwassermassage. Am folgenden Kreisverkehr fahren wir geradeaus und kommen schließlich beim **Condin Spargelhof** vorbei, der von Februar bis Juni geöffnet hat. In der folgenden Rechtskurve liegt **Viktors Imbiss** (www.viktors.it) am Wegesrand, der für eine Stärkung mehr zu bieten hat als ein normaler Imbiss. Danach unterqueren wir eine Eisenbahn- und eine Autobahnbrücke und biegen direkt hinter der Brücke über die Etsch links ab. Gleich danach fahren wir rechts auf die **Radroute Kaiserin Maria Theresia.** Der Radweg führt uns Richtung Süden entlang dem Großen Graben, der parallel zur Etsch verläuft und der Entwässerung des Unterlands dient.

Links vor uns erkennen wir eine deutliche Erhebung im Etschtal. Der Berg ⑫ **Castelfeder** ragt etwa 200 Meter aus dem Talgrund und ist von einer ganz besonderen Vegetation bewachsen, die dem submediterranen Klima gerecht wird. Ganz oben auf dem Hügel stehen die Reste einer **Burganlage** aus dem frühen Mittelalter. Der ganze Berg ist als Naturschutzgebiet ausgewiesen und nur für Wanderer und recht bequem für uns Radfahrer erreichbar. Wir können nämlich auf einer ehemaligen Bahntrasse ohne große Steigung die Höhen erklimmen. Diesen 7 Kilometer langen Abstecher (hin und zurück) in eine ganz andere Welt sollten wir unbedingt machen. Wir erreichen eine Abzweigung bei einem kleinen **Biergarten** und einem Parkplatz an der **SS 12.** Während es auf dem Hauptradweg weiter Richtung **Trento** geht, über den wir bald Neumarkt erreichen, biegen wir hier links ab Richtung **Montan** und **Fleimstal.**

Burgruine Castelfeder

Blick von Castelfeder auf das Etschtal

Ein geschotterter Weg führt zunächst entlang der Staatsstraße, der nach 400 Metern die Fahrbahn überquert. Wir folgen dem Weg ca. 100 Meter, um dann einen U-Turn zu machen. Nun fahren wir auf einem Radweg neben der Straße durch einen kurzen Tunnel. Wenig später führt links hinauf ein mit **Radroute Montan** ausgeschilderter Weg. Nach der nächsten Haarnadelkurve treffen wir auf die alte Bahntrasse, auf der früher die Fleimstalbahn verkehrte, der wir nun Richtung **Montan** folgen. Unterwegs können wir immer wieder herrliche Ausblicke auf das Etschtal und die Bergwelt genießen. Wir fahren stets leicht bergauf an kleinen Mooren, Felsen, knorrigen Weißbuchen vorbei bis zu einer Abzweigung, an der wunderschöne riesige Eichen stehen. Von hier können wir über einen Fußweg den Gipfel mit der Burgruine erreichen und von dort die einmalige Aussicht genießen. Auf einer Infotafel lesen wir von prähistorischen und mittelalterlichen Siedlungsspuren und von hier wachsenden Bäumen und Sträuchern, deren Namen wir noch nie gehört haben.

*1916–1917 wurde die schmalspurige **Fleimstalbahn** angelegt, die von Auer über Castelfeder und Montan hinauf in Fleimstal führte. Auf ihrer Trasse mit 1123 Metern Anstieg, Viadukten und Tunneln verläuft heute ein anspruchsvoller Radweg bis San Lugano.*

Wir radeln nun denselben Weg zurück, wobei wir auf der Talfahrt einen wunderbaren Blick auf das Etschtal und die Salurner Klause vor uns haben. Zurück unten auf dem Hauptweg fahren wir an der Etsch entlang Richtung Süden. Nach 1,5 Kilometern biegen wir unmittelbar hinter eine Holzbrücke links ab. Nach 120 Metern treffen wir auf eine kleine Straße, fahren hier links und durch eine Unterführung unter der **SS 12.** Nach 200 Metern gelangen wir an eine T-Kreuzung. Von hier kann man einen 500 Meter langen Abstecher nach links zur **⓭ Kirche Unsere Liebe Frau in der Vill** machen, ein Kleinod hochgotischer Architektur. Die Hallenkirche weist ein wunderschönes Kreuzrippengewölbe auf.

Um in die Altstadt von **Neumarkt** zu gelangen, fahren wir rechts und auf der **Boznerstraße** geradeaus, bis wir nach knapp 800 Metern auf die **Laubengasse** treffen. Hier biegen wir rechts ab und fahren die mit Ar-

Kirche Unsere Liebe Frau in der Vill

Neumarkt

kaden gesäumte Straße bis zum **Hauptplatz,** wo links die ebenfalls mit Lauben gesäumte **Andreas-Hofer-Straße** abzweigt. Hier kann man im **Bistro Portikus** direkt beim Brunnen sitzen und dem kleinstädtischen Treiben zuschauen. In der Andreas-Hofer-Straße gibt es weitere Möglichkeiten, um Südtiroler Küche und Gemütlichkeit in historischen Gewölben zu genießen. So das mit zwei schwarzen Hauben ausgezeichnete **14 Johnson & Dipoli,** das **Restaurant Andreas Hofer** (www.hotelandreashofer.com) oder die **Pizzeria Lauben** (www.pizzerialauben.it). Im **Museum für Alltagskultur** im historischen Laubenhaus Nr. 50 findet man verschiedene historisch eingerichtete Räume, für die die Gründerin des Museums den Großteil der Objekte selbst gesammelt hat (www.museum-alltagskultur.it).

Um zum Bahnhof zu gelangen, wo wir die Tour begonnen haben, fahren wir über den Hauptplatz bis ans Ende der Altstadt, biegen links ab und die nächste wieder rechts. An der folgenden Kreuzung fahren wir auf einem zweispurigen Radweg an der **Bahnhofstraße** links und immer geradeaus, bis wir nach 1 Kilometer am **Bahnhof** ankommen.

Schwarzer Kopf
Gmund
Tramin an der Weinstraße
SP 127
Aue
Via Nazionale
SS12
Weinstraße
SP 14
22
SS48
Etsch
Montar an der Weinstra
Rungg
SP 16
SP 164
Graun
Vill
Bahnhofstraße
Max Valier Straße
Kurtatsch an der Weinstraße
SP 14
SP 84
Neumarkt
Trudnerbach
Mazon
SP 58
SP 19
Großer Kalterer Graben
SS12
Margreid an der Weinstraße
Gaisberg
SP 19
Elferstein
Laag
Cauria
Kurtinig an der Weinstraße
SP 14
Giggeregg
SP 19
Weinstraße
Mühlenstraße
Buchholz
Salurn an der Weinstraße
SP 129
SP 129

ALLES AUF EINEN BLICK

Entspannung
Abenteuer
Vielfalt

WIE & WANN

Radwege, kaum und mäßig befahrene Straßen, asphaltierte Feldwege, wenige kurze Steigungen. Am schönsten Frühling und Herbst.

HIN & WEG

Auto: Parkplatz am Bahnhof Neumarkt-Tramin (kostenlos), Bahnhofstraße, 39040 Neumarkt
ÖPNV: Bahnhof Neumarkt-Tramin

ESSEN & ENTSPANNEN

2 **Baita Garba,** Mühlenstraße 96, 39040 Salurn, Tel. +39 (04 71) 88 44 92, www.baitagarba.it
4 **Ansitz CEO,** Kindergartenstraße 9, 39040 Salurn, Tel. +39 (04 71) 88 47 01, www.ceo-wine.it
5 **Alois Lageder Paradeis,** Casòn Hirschprunn Straße 1, 39040 Margreid, Tel. +39 (04 71) 80 95 80, www.paradeis-aloislageder.eu
14 **Johnson & Dipoli,** Andreas-Hofer-Straße 3, 39044 Neumarkt, Tel. +39 (04 71) 82 03 23, www.johnson-dipoli.it

ENTDECKEN & ERLEBEN

1 **Kirche St. Florian**
3 **Titschenfall**
6 **Vinothek der Kellerei Kurtatsch,** Weinstraße 23, 39040 Kurtatsch, www.kellerei-kurtatsch.it
7 **St.-Valentin-Kirche**
8 **Roner,** Josef-von-Zallinger-Straße 44, 39040 Tramin, www.roner.com
9 **Psenner,** Bahnhofstraße 1, 39040 Tramin, www.psenner.com
10 **Kellerei Tramin,** Weinstraße 144, 39040 Tramin, www.cantinatramin.it
11 **Sport- und Erlebnisbad,** Weinstraße 152, 39040 Tramin
12 **Castelfeder**
13 **Kirche Unsere Liebe Frau in der Vill**

Reschensee

Das Blau der Berge

Vom Reschenpass talwärts

Unsere Radtour vom Reschenpass hinunter nach Schluderns startet an einem kleinen Parkplatz am Nordende des **Reschensees.** Man erreicht ihn mit dem Auto problemlos nach 150 Metern, wenn man am nördlichen Ortsende von **Reschen** (Richtung Österreich) von der Hauptstraße Richtung Rojental abbiegt.

Wer ohne eigenes Rad unterwegs ist, kann in Reschen in den Sportgeschäften ***Sport Folie*** *oder* ***Sport Winkler*** *eines mieten und in Mals zurückgeben. Es fahren auch Linienbusse mit Fahrradträger von Mals nach Reschen, die allerdings keine E-Bikes mitnehmen können.*

Wir radeln auf der kleinen Straße dem braunen Wegweiser Radroute folgend zum westlichen Seeufer, an dem auch die Talstation der **Seilbahn Piz-Schöneben** liegt. Zuerst überqueren wir die hier noch winzige **Etsch.** Sie ist einer von mehreren Zuflüssen und entspringt Luftlinie 800 Meter von hier entfernt oberhalb von Reschen. Links von uns erstreckt sich nun der See in voller Länge. Auf beiden Seiten erheben sich rund 2600 Meter hohe Berggipfel, während der See auf 1500 Metern über dem Meer liegt. 1950 wurde er als riesiger Wasserspeicher zur Stromerzeugung angelegt. Dabei gingen ein Großteil vom Ort Reschen und das komplette Dorf Graun in den Fluten unter. Einziges heute noch sichtbares Zeichen des Untergangs ist der romanische Kirchturm, der seitdem am östlichen Ufer aus dem Wasser ragt und zu einem der Wahrzeichen Südtirols geworden ist.

Wir folgen dem Verlauf des Wegs, der zwischen der Talstation der **Seilbahn** und dem Parkplatz entlang und danach an das Seeufer führt. Hier überqueren wir den rauschenden **Rojenbach,** einen weiteren Zufluss des Stausees. Während die Straße nun in einer Rechtskehre den Berg erklimmt, fahren wir weiter am idyllischen Ufer entlang. Der Weg steigt leicht an, schlängelt sich am Berghang zwi-

Kilometer: 26

Höhenmeter: 935 **(bergab)**

Stunden: 3

STRECKE

Kapelle am Giernhof

schen Bergwiesen und Nadelbäumen entlang und bietet uns einen schönen Blick auf das Wasser und die Berge. Beim ❶ **Giernhof,** der an Wochenenden seine Hofschank mit traditioneller Küche öffnet, kann man in traumhafter Lage über dem See einkehren. Bei guter Sicht erkennt man den Kirchturm von Graun am anderen Ufer. Nun steigt der Weg kurz steil an und führt an der zauberhaften **Kapelle St. Martin** vorbei, die einen kurzen Blick ins Innere lohnt. Danach tauchen wir in einen Nadelwald ein und fahren wieder hinunter ans Seeufer.

Wir fahren weiter auf dem gut ausgebauten Weg immer in der Nähe des Wassers durch saftige und blühende Almwiesen und kleine Bergwälder. Immer wieder kommen wir an Picknickbänken vorbei. Beim Blick auf den See sehen wir Kitesurfer über das Wasser rasen. Schließlich erreichen wir das Ende des Sees mit drei großen trichterförmigen Überlaufbecken. Der Weg führt nun über den **Staudamm,** der uns eine traumhafte Aussicht in alle Richtungen bietet. Links sehen wir den See in voller Länge und rechts unterhalb von uns St. Valentin auf der Haide, dahinter den Haidersee und den 3900 Meter hohen Ortler im Hintergrund.

Am Ende des Staudamms biegen wir rechts ab Richtung **Meran.** Hier geht es nun hinunter nach **St. Valentin auf der Haide.** Kurz vor dem Ort biegen wir am Stoppschild rechts ab und an der nächsten Kreuzung wieder links. Wir folgen der Beschilderung durch den Ort, in dem wir zum Schluss scharf rechts abbiegen. An einem Campingplatz vorbei verlassen wir St. Valentin und ra-

*Am Reschen kann man eine leicht zu fahrende 15 Kilometer lange Radtour **rund um den Reschensee** machen, ohne Autoverkehr ideal für Familien. Dabei fährt man am Ostufer auf dem (voraussichtlich 2025 fertiggestellten) Radweg vorbei am Kitesurferstrand und dem versunkenen Kirchturm.*

deln danach auf einem idyllischen Radweg direkt am grünen Ufer des natürlichen **Haidersees** entlang. Plötzlich erklimmt der Weg eine kleine Anhöhe, auf der eine Aussichtsplattform einen traumhaften Blick auf den See und die umgebende Landschaft bietet.

Kurz danach treffen wir unerwartet in der alpinen Bergeinsamkeit auf das für Wanderer und Radfahrer neu aus Holz erbaute ❷ **Restaurant Zeress** – wieder mal ein Beispiel für das moderne Südtirol, außergewöhnliche Architektur in traumhafter Lage und ein Restaurant mit regionaler Küche in neu interpretierter Form, eine unbedingte Empfehlung für genussvolle Einkehr und Entspannung in unberührter Natur.

Für die Seele

Frische Bergluft, erfrischende Seen und Bäche, mittelalterliche Burgen vor herrlichem Alpenpanorama.

Anschließend fahren wir weiter entlang dem steilen Berghang über dem Haidersee, bis wir schließlich das Ende des Sees erreichen, dem sich ein **Biotop** anschließt. Danach geht es auf dem gut asphaltierten

Restaurant Zeress

St. Valentin mit Haidersee und Ortler

Kloster Marienberg

Radweg lange steil bergab. Wir können die Räder laufen lassen, sollten dabei aber nicht zu schnell werden und die sinnvolle Geschwindigkeitsbegrenzung von 30 Stundenkilometern beachten. Wir radeln gut 3 Kilometer neben der Etsch und der links von uns liegenden Malser Haide bergab. Dieses einmalige Naturgebiet erstreckt sich auf etwa 10 Quadratkilometern mit fast 900 Metern Höhenunterschied von Glurns über Mals hinauf zum Reschensee. Wir erreichen **Burgeis,** das als eines der schönsten und ursprünglichsten Dörfer im Vinschgau gilt. Uralte Häuser mit Fresken säumen die engen Gassen, von denen aus wir das **Kloster Marienberg** hinter dem Ort aufragen sehen. Der Name Burgeis geht vermutlich auf eine Römerbefestigung zum Schutz der Via Claudia Augusta zurück. Der Ort mit seinen rund 800 Einwohnern wurde 1160 erstmals urkundlich erwähnt. Wir erreichen den zentralen Dorfplatz. Während die beiden Luxushotels Mohrenwirt und Weisses Kreuz mit Gourmetküche glänzen, scheint

die Dorfbar ❸ **Genuss am Platz** mit angeschlossenem Feinkostladen der richtige Ort für eine Radlerpause am Dorfbrunnen zu sein.

Wir radeln weiter im Ort bergab und biegen an der nächsten Kreuzung rechts ab. Bevor wir hinter der Grundschule wieder links abbiegen, statten wir der **Pfarrkirche Burgeis** einen Besuch ab. Sie hat ein romanisches Portal, im Innern ist sie gotisch und mit einer wertvollen Barockorgel ausgestattet, die ursprünglich für die Stiftskirche des Klosters Marienberg 1677–1678 von Carlo Prati gebaut wurde.

Wir radeln weiter Richtung Meran und kommen dabei kurz hinter dem Ortsende von Burgeis direkt an der ❹ **Fürstenburg** vorbei. Die mittelalterliche Anlage

Genuss am Platz in Burgeis

Burgeis

wurde im 13. Jahrhundert vom Churer Bischof Konrad erbaut. Sie beherbergt heute eine Fachschule für Land- und Forstwirtschaft und ist nur montags und donnerstags jeweils um 14 Uhr mit einer Führung zu besichtigen.

Unser Radweg führt nun weiter steil bergab, teilweise mit bis zu 20 Prozent Gefälle. Wir erreichen das Dorf **Schleis,** wo wir der Beschilderung folgend rechts und hinter der hölzernen Brücke über die Etsch wieder links abbiegen. Nach 150 Metern fahren wir links über eine schmale Brücke und weiter bergab zuerst am rechten Ufer der Etsch, danach am linken. Nach 1,5 Kilometern treffen wir in **Laatsch** auf ein Stoppschild. Hier bietet sich nach rechts ein kurzer Abstecher von 350 Metern an zur mittelalterlichen

Fürstenburg

5 **St.-Leonhard-Kirche** mit schönen Fresken und einem Flügelaltar von Hans Schnetterpeck aus dem 15. Jahrhundert. Geradeaus verlassen wir schon wieder den Ort und radeln weiter bergab auf **Glurns** zu, wo die flotte Talfahrt schließlich endet. Zuvor kommen wir an den ersten Apfelgärten vorbei, hinter denen die Türme der noch vollständig erhaltenen Stadtmauer aufragen, die immer noch die kleinste Stadt Italiens umschließt.

Schleis

An einem Stoppschild machen wir nach links einen Abstecher zum **Stadtplatz.** Hier gruppieren sich um einen Brunnen prächtige alte Bauten mit einigen Einkaufs- und Einkehrmöglichkeiten. Besonders zu erwähnen ist hier das am Anfang der Florastraße gelegene, von Michelin empfohlene 6 **Flurin,** das mittags und abends seine historischen Gewölbe öffnet. Hier um die Ecke beginnt die **Laubengasse,** die in keiner Südtiroler Stadt fehlen darf.

Wir verlassen die Altstadt wieder und radeln zurück zur Radroute entlang der Etsch. Hier fahren wir auf einem Deich entlang dem Fluss begleitet von Apfelplantagen, Wiesen und Auenlandschaft bis zu einem großen betonierten künstlichen See. Dieser dient als Ausgleichsbecken für das Kraftwerk Glurns, das mit Wasser aus dem Reschensee über eine 12 Kilometer lange unterirdische Druckwasserleitung gespeist wird, welches die Turbinen antreibt. Wir biegen hier links ab auf einen Radweg Richtung **Schluderns** und sehen bald schon die Churburg über dem Ort aufragen. An einer T-Kreuzung vor dem Bahnhofsgebäude biegen wir rechts ab und nach 300 Metern links in eine

Unterführung unter der Bahnlinie. Weiter geradeaus erreichen wir das Ortszentrum beim Rathaus. Wir überqueren den Platz und beim Despar den Saldurbach und biegen dann links ab. Hier fahren wir direkt auf das relativ neue 7 **Vintschger Museum** zu, das die archäologischen Funde aus der Zeit vor den Römern zeigt, die 1997 am Ganglegg gemacht wurden. Ferner widmet es sich typisch Vinschgauer Themen wie den Bewässerungssystemen der Waale.

Vom Museumsgebäude aus gelangen wir am netten **Café Dorflodn** vorbei recht steil bergauf über einen kopfsteingepflasterten Weg zur 8 **Churburg.** Hier bietet die 9 **Burgschänke** außerhalb der Burgmauern beim Parkplatz eine stimmungsvolle rustikale Einkehrmöglichkeit. Die mittelalterliche Burg ist eine der besterhaltenen in ganz Südtirol und nur mit einer Führung zu besichtigen. Sie wurde im 13. Jahrhundert vom Fürstbischof von Chur erbaut, daher der Name. Die Bausubstanz stammt aus der Romanik, Gotik und der Renaissance. Besonders sehenswert sind der über und über mit Fresken bemalte Arkadenhof und die Rüstkammer mit der größten privaten Sammlung Europas.

Hier endet unsere Radtour. Vom Bahnhof Schluderns kann man mit der Vinschger Bahn nach Mals (Endstation) fahren, von wo Linienbusse Richtung Reschenpass starten. Will man statt mit der Bahn mit dem Rad nach Mals fahren, radelt man zurück nach Glurns und von dort auf einer wenig befahrenen Straße nach Mals. Die Hauptverkehrsstraße von Schluderns nach Mals ist keine Option.

Um Verbindungen für alle öffentlichen Verkehrsmittel in ganz Südtirol zu finden, sollte man die App ***Südtirolmobil*** *auf dem Smartphone haben oder die entsprechende Internetseite unter www.suedtirolmobil.info aufrufen.*

Churburg

SS40
Plamort
Etschquelle
ÖSTERREICH
ITALIEN
Klopaier Spitze
Reschen
Froi
P
Grauner Berg
SP 102
SP 102
SCHWEIZ
ITALIEN
1
SP 49
Graun im Vinschgau
Reschen-see
Endkopf (Jaggl)
Staudamm
Pleisköpfl
Elferspitze
Habicherkopf
Platschwerdakopf
St. Valentin auf der Haide
Großhorn
Mittereggspitze
Seeboden-spitz
Dörfl
Haidersee
Steinmandkopf
2
Alpgrabenbach
Zerzerbach
Stoanmandl
Schafberg
SS40
Salesates
Punibach
Planeil
Watles
Etsch
Malser Haide
3
Burgeis
Hochjoch
Schlinig
4
SP 103
Spitzige Lun
Malettes
Niederjoch
SP 22
Saldurbach
Schleis
Mals
Tartsch
SP 85
Laatsch
Peaterasen-jöchl
5
SP 105
Glurns
Etsch
SP 104
6
9
8
SS41
7
SP 50
Punibach
SP 106
Schluderns
SS40

ALLES AUF EINEN BLICK

Entspannung 5/5
Abenteuer 2/5
Vielfalt 3/5

WIE & WANN

Vorwiegend asphaltierte Feldwege, wenige kurze Steigungen, lange Gefällstrecken. Juni bis September gut befahrbar, ideal an heißen Sommertagen.

HIN & WEG

Auto: Parkplatz (kostenpflichtig), Altdorfstraße/Via Paese Vecchio 11, 39027 Reschen am See
ÖPNV: Linienbus (keine E-Bikes) Reschen Kirche, 300 Meter über Friedhof zum Parkplatz. Private Bike Shuttles

ESSEN & ENTSPANNEN

1. **Giernhof,** Giern 1, 39027 Reschen, Tel. +39 (04 73) 42 08 71, www.giernhof.it
2. **Restaurant** Zeress, Tel. +39 (3 45) 3 48 76 64
3. **Genuss am Platz,** Burgeis 82, 39024 Burgeis
6. **Flurin,** Laubengasse 2, 39020 Glurns, Tel. +39 (04 73) 42 81 36, www.flurin.it
9. **Burgschänke,** Churburggasse 13, 39020 Schluderns, Tel. +39 (3 71) 1 31 28 82

ENTDECKEN & ERLEBEN

4. **Fürstenburg,** Burgeis 7, 39024 Burgeis, Tel. +39 (04 73) 83 65 00
5. **St.-Leonhard-Kirche**
7. **Vintschger Museum,** Meraner Straße 1, 39020 Schluderns, Tel. +39 (04 73) 61 55 90, www.vuseum.it
8. **Churburg,** Churburggasse, 39020 Schluderns, Tel. +39 (04 73) 61 52 41

Pfarrkirche St. Andreas

An wilden Wassern

Von Klausen nach Bozen

Wir starten unsere Fahrt durch das Eisacktal nach Bozen am **Bahnhof Klausen,** wo sich auch der Parkplatz befindet. Wir radeln auf der **Bahnhofstraße** zunächst 300 Meter Richtung Zentrum und biegen rechts auf einen Fuß- und Radweg ab, um die Eisack zu überqueren. Hoch oben auf einem Felsen 200 Meter über Klausen sehen wir links die **Liebfrauenkirche** und rechts das **Kloster Säben.** Man kann sie nur zu Fuß auf einer unvergesslichen Wanderung von der Altstadt aus erreichen.

Beim Blick von der Brücke flussabwärts erkennen wir die spätgotische **Pfarrkirche St. Andreas.** Geradeaus vor uns sehen wir die Tourist Information in einem gelben Gebäude und links davon das **Brixner Tor,** durch das wir die Altstadt betreten. Kaum zu glauben, dass sich durch diese malerische schmale Gasse bis in die 1960er-Jahre der gesamte Transitverkehr zwängen musste. Der fließt heute über die Autobahn, die wir von der Brücke aus gut sehen konnten, und durch einen Tunnel direkt hinter der Altstadt.

*Am Bahnhof Klausen gibt es auch einen **Fahrradverleih,** dessen Mieträder man in Bozen abgeben kann (www.sportservice.bz).*

Die verkehrsberuhigte **Oberstadt,** wie die Straße heißt, zieren wunderschöne alte Häuser mit Erkern, Geschäften und Lokalen, die zum Bummeln einladen. Am Pfarrplatz, wo wir nun die St.-Andreas-Kirche direkt vor uns haben, fahren wir noch geradeaus, bis wir den **Tinneplatz** erreichen. Wenn wir uns vor dem **Restaurant Hirschen** rechts halten, erreichen wir in einer engen Gasse das beliebte Brauereigasthaus ❶ **Gassl Bräu.** Geradeaus geht es 100 Meter zum sehenswerten ❷ **Stadtmuseum,** das in einem barocken ehemaligen Kapuzinerkloster untergebracht ist, eine Stiftung der spanischen

Kilometer: 25

Höhenmeter: 265 **(bergab)**

Stunden: 3

STRECKE

Schloss Branzoll in Klausen

Königin Maria Anna (1667–1740). Anziehungspunkt sind der einzigartige Loretoschatz und die Werke der Klausner Künstlerkolonie (1874–1914).

Um weiterzuradeln, biegen wir stattdessen links ab in eine Gasse hinunter zum Flussufer, an dem wir weiter Richtung Süden fahren. Ab dem Ortsende verläuft die **Staatsstraße 12** neben uns, die von Pisa kommend über Verona durch das Etschtal und ab Bozen durch das Eisacktal zum Brenner führt. Es geht stets leicht bergab auf dem gut ausgebauten Radweg durch das bewaldete Tal.

Für die Seele
Enge Täler, Brücken über reißende Wasser, steile Felsen mit Burgen und Klöstern, idyllische Gassen.

Wir erreichen schließlich den kleinen Ort **Waidbruck,** der auf der anderen Seite der Eisack liegt und hinter dem die prächtige, gut erhaltene ③ **Trostburg** aufragt. Über die Brücke ist sie mit dem Rad in 2 Kilometern und 150 Metern Höhendifferenz auf einem sehr steilen Weg erreichbar. Sie steht, was wir von hier unten nicht erkennen können, am Eingang zum Grödner Tal, das sie im Mittelalter bewachte. In der Renaissance wurde die Burg innen prächtig ausgestattet mit

Bis zum Jahr 1000 war die Heiligkreuzkirche von ***Kloster Säben*** *etwa 400 Jahre lang Kathedrale des Bistums Sabiona. Danach wurde der Bischofssitz nach Brixen verlegt. Der Heilige Berg zählt zu den ältesten Wallfahrtsorten Tirols. 2021 wurde das Kloster aufgelassen.*

Trostburg

Schloss Friedburg

gotischer Stube, Kachelofen, hölzernem Tonnengewölbe und Fresken in der Burgkapelle. Eine Besichtigung ist nur mit Führung möglich.

Nach 1 Kilometer kommen wir nach **Kollmann,** wo das rotweiß karierte ④ **Schloss Friedburg** auf der anderen Straßenseite auffällt. Über einen Zebrastreifen können wir einen Abstecher zum Schloss machen, das 1483 als Zollstation errichtet wurde und in dem sich heute ein Restaurant befindet. Ab 17 Uhr kann man hier in alten holzvertäfelten Stuben oder im Garten unter Apfelbäumen Holzofenpizza und Südtiroler Gerichte bestellen.

Wir folgen der Radroute weiter, die bald eine Kehre macht und die reißenden Wasser der **Eisack** überquert. Auf der anderen Seite fahren wir nun auf einer alten Trasse der Brennerbahn weiter, die seit den 1990er-Jahren ab Waidbruck durch den 13 Kilometer langen Schlerntunnel verläuft. Bis Blumau steht uns nun ein breiter und ebener Radweg mit konstant leich-

Radweg auf ehemaliger Eisenbahnbrücke

tem Gefälle auf der ehemals zweigleisigen Bahnstrecke zur Verfügung, der sich in sanften Kurven durch das wunderschöne Flusstal schlängelt. Kurz danach wechseln wir wieder auf die andere Seite der Etsch. Nach 6 Kilometern kommen wir an einer alten **gedeckten Holzbrücke** vorbei, und kurz danach bietet die **5 Radstation Bios Ristoro** die Möglichkeit einer Erfrischung oder Stärkung, derer es auf dieser Radtour vor dem Zielort Bozen nicht viele gibt.

Das Tal verengt sich nun dramatisch, sodass unser Radweg mehrmals durch Tunnelröhren und unter Galerien verläuft. Hoch über unseren Köpfen kreuzt die Autobahn das Tal, um dann ebenfalls in einem Berg zu verschwinden. Über die nächste gedeckte Holzbrücke kann man den **6 Gasthof Steg** an der Brennerstraße erreichen. Wir radeln weiter bis **Blumau,** wo der kleine Ort im engen Tal zwischen Bahnlinie, die hier wieder aus dem Berg kommt, Autobahn, Staatsstraße und Etsch keinen Platz hat, um sich auszubreiten. Unser Radweg führt nun zunächst an der Straße entlang. Dank der Beschilderung ist die Orientierung kein Problem. In Blumau beginnt der **Kunstradweg,** der sich

6 Kilometer bis Bozen erstreckt und an dem diverse Skulpturen stehen. Es handelt sich dabei um ein integratives Kunstprojekt von Künstlern mit Behinderung.

Kunst am Radweg

Bald taucht unser Radweg wieder in einen alten Eisenbahntunnel ein. Ab hier, wo die alte Bahntrasse am Fluss entlang verläuft, macht die neue einen Bogen durch einen Berg und kommt erst nach 3 Kilometern in Kadaun wieder ans Tageslicht.

Ab der Autobahnausfahrt **Bozen Nord** ändert sich der Charakter unseres Radwegs. Er führt nun wenig idyllisch, aber trotzdem mit ganz eigener Ästhetik, aus Platzgründen unter Betonbrücken und Hochstraßen entlang, dazwischen sehen wir immer wieder moderne Skulpturen vom Kunstradweg. Kurz nachdem wir an einem **Wasserkraftwerk** vorbeigefahren sind, werden wir durch eine Unterführung nach **Kardaun** geleitet. Hier

Radweg an der Eisack bei Karneid

Altstadt Bozen

biegen wir an der **Pizzeria zur Post** rechts ab, fahren an der folgenden Kreuzung entgegen dem Radwegepfeil nicht rechts, sondern geradeaus und kurz am Eggentaler Bach entlang. Der mündet hier in die Eisack, die wir gleich auf einer schmalen Brücke überqueren und der wir weiter zwischen Fluss und Weinfeldern folgen.

Ein großes Schild heißt uns schließlich willkommen in der **Fahrradstadt Bozen.** Die Stadt gilt als die fahrradfreundlichste Italiens. Wir radeln weiter immer am Wasser entlang. Erst nachdem wir eine Eisenbahnbrücke unterquert haben, biegen wir rechts ab Richtung **Bahnhof,** den wir nach 400 Metern erreichen. Von hier können wir problemlos mit dem Zug nach Klausen zurückfahren.

Zuvor sollten wir uns aber Zeit für die wunderschöne Bozner Altstadt nehmen und uns in einem der Cafés am Waltherplatz niederlassen, um zum Beispiel einen Veneziano zu trinken. Direkt vom Kreisverkehr vor dem Bahnhofsgebäude führt die Bahnhofsallee durch einen Park zum **Waltherplatz,** auf dem sich die Tische der zahlreichen Lokale aneinanderreihen. In

__Bozen__ ist seit seiner Gründung vor mehr als 800 Jahren eine Handelsstadt, vorteilhaft zwischen den einst bedeutenden Handelszentren Venedig und Augsburg gelegen. Die verkehrsgünstige Lage wurde durch den Bau des Kunterswegs zum Brenner (1314) noch verbessert.

der Mitte steht seit 1889 das aus weißem Laaser Marmor gefertigte Denkmal von Walther von der Vogelweide, den die Südtiroler gerne für sich reklamieren. Südlich des Platzes steht die gotische **Dompfarrkirche** mit romanischem Portal und einem schönen spätgotischen Glockenturm. Gleich nebenan liegt die **7 Domschatzkammer** mit ihren unzähligen kirchlichen Kunstschätzen. Unweit ist noch das **Dominikanerkloster** einen Besuch wert. Die Johanneskapelle im Chor der Klosterkirche ist mit spektakulären Fresken ausgemalt, ebenso der **Kreuzgang.**

Kreuzgang Franziskanerkloster

Laubengasse

Zum Shoppen und Bummeln sind die **Mustergasse** und natürlich die **Laubengasse** angesagt. Auch den bekannten **Obstmarkt** am westlichen Ende der Laubengasse sollte man nicht verpassen. Von hier lohnt noch ein Abstecher in die nahe **Franziskanergasse** mit dem ehemaligen Kloster, das ursprünglich außerhalb der Stadtmauern erbaut worden war. Der spätgotische Schnitzaltar in der Kirche und der stimmungsvolle, mit Fresken ausgemalte Kreuzgang sind unbedingt sehenswert. Am Anfang der **Museumstraße** befindet das schön bemalte **Torgglhaus** mit alten holzverkleideten Gaststuben. Die Straße führt direkt zu Ötzi, der im **8 Südtiroler Archäologiemuseum** bestaunt werden kann. Gute Restaurants, viele mit Hauben und Sternen ausgezeichnet, gibt es im Zentrum reichlich.

Sarnthein
Samberg
Klausen
Villanders
Speikegg
SP 140
SP 26
SP 27
SS12
Glander
Rittner Horn
Lajen
Barbian
SS242
SS242dir
Waidbruck
Kollmann
SS508
Rosswagen
Rendenbühl
Sankt Ulrich
SP 24
Katzenloch-bühel
Kastelruth
Lengstein
Klobenstein
Karlotten Kofel
Seis am Schlern
Am Gstrahl
Jenesien
Atzwang
Oberbozen
Rittneregg
Völs am Schlern
SP 99
Talfer
Altenberg
Signater Kopf
Unterinn
Schlern
SP 65
Bozen
SP 73
22
Aichaberg
Blumau
SS38
SS42
Eisack
Kardaun
SS241
Steinegg
1
2
3
4
5
6
7
8

ALLES AUF EINEN BLICK

Entspannung 5/5
Abenteuer 2/5
Vielfalt 5/5

WIE & WANN

Vorwiegend Radwege, durchgehend asphaltiert, keine nennenswerten Steigungen. Mai bis Oktober gut befahrbar, am schönsten Frühling und Herbst.

HIN & WEG

Auto: Parkplatz am Bahnhof P5 (kostenlos), Bahnhofstraße 31, 39043 Klausen
ÖPNV: Bahnhof Klausen; Rückkehr zum Ausgangspunkt ab Bahnhof Bozen

ESSEN & ENTSPANNEN

1 **Gassl Bräu,** Gerbergasse 18, 39043 Klausen, Tel. +39 (04 72) 52 36 23, www.gassl-braeu.it
4 **Schloss Friedburg,** Am Kuntersweg 6, 39040 Kollmann, Tel. +39 (04 71) 65 43 64, www.friedburg.it
5 **Radstation Bios Ristoro,** Atzwang 39, 39040 Atzwang, Tel. +39 (3 48) 7 44 60 70
6 **Gasthof Steg,** Atzwanger Straße 12, 39040 Atzwang, Tel. +39 (04 71) 35 31 17, www.gasthof-steg.it

ENTDECKEN & ERLEBEN

2 **Stadtmuseum,** Auf der Frag 1, 39043 Klausen, Tel. +39 (04 72) 84 61 48, www.museumklausenchiusa.it
3 **Trostburg,** Burgfrieden-Weg 22, 39040 Waidbruck, Tel. +39 (04 71) 65 44 01
7 **Domschatzkammer,** Pfarrplatz 29, 39100 Bozen, Tel. +39 (04 71) 97 86 76, dompfarre.bz.it/links/domschatzkammer
8 **Südtiroler Archäologiemuseum,** Museumstraße 43, 39100 Bozen, Tel. +39 (04 71) 32 01 00, www.iceman.it

Ländliches Idyll

Durch das grüne Pustertal

Wir starten die heutige Radtour durch das Pustertal im Zentrum der netten Marktgemeinde **St. Lorenzen.** Vom Bahnhofsparkplatz aus radeln wir einfach Richtung Kirchturm, um die Dorfmitte zu erreichen. Auch vom Bahnhof aus sind es nur wenige Meter. Hier am zentralen Platz lohnt ein Blick in die **Pfarrkirche St. Laurentius,** eine der ältesten Kirchen im Pustertal. Als eine Besonderheit weist sie zwei unterschiedliche Türme auf. Der große stammt aus dem 15., der kleinere aus dem 13. Jahrhundert. Im Inneren beeindrucken die mit Fresken bemalte Egerer-Kapelle und die Traubenmadonna des bekannten Brunecker Bildhauers Michael Pacher. Am Platz gibt es außer einem kleinen Supermarkt auch zwei Gasthäuser, die Pizzeria ❶ **Zur Alten Post** und den ❷ **Gasthof Traube.** Im ehemaligen Rathaus mit der Tourist Information gibt es das interessante ❸ **Museum Mansio Sebatum,** das sich mit einer modernen, multimedial aufbereiteten Ausstellung der Archäologie und der Zeit der Römer widmet. Zu sehen ist hier unter anderem ein Goldmünzschatz. Sebatum war eine römische Straßenstation an der Via Julia Augusta auf dem Gebiet des heutigen St. Lorenzen. Sie wurde von den Römern nach der Eroberung des Gebietes im 1. Jahrhundert errichtet und bestand vermutlich bis ins 5. oder 6. Jahrhundert.

*Es gibt einen Fahrradverleih von **Papin Sport** in Bruneck am Bahnhof, etwa 4 Kilometer über den Pustertal-Radweg nach St. Lorenzen. Die Räder kann man am Zielort in Mühlbach am Bahnhof wieder abgeben (www.papinsport.com).*

Wir radeln in die schmale Gasse zwischen Museum und Supermarkt, unterqueren beim **Bahnhof** den Bahndamm und fahren auf dem Radweg links der Gleise nach Westen. Vorbei am Ansitz Wildberg mit seinem komfortablen Campingplatz radeln wir weiter gerade-

Kilometer: 23
Höhenmeter: 125
Stunden: 3
STRECKE

St. Laurentius

Schloss Sonnenburg

aus. Rechts vor uns sehen wir das **Schloss Sonnenburg** auf einem wie dafür geschaffenen Bergkegel im Pustertal. Der Radweg mündet schließlich in eine Landstraße. Hier fahren wir links und nach knapp 50 Metern vor einer Brücke wieder links auf die Radroute nach **Mühlbach** am Ufer der Gader entlang. Sie ist ein Seitenfluss der Rienz, die uns bald durch das Pustertal bis Mühlbach begleiten wird.

Am Ende eines kleinen Gewerbegebiets überqueren wir den Fluss und dahinter über einen Zebrastreifen die **SS 244.** Hier radeln wir auf einen Hügel, vorbei an einem Bauernhof und treffen oben auf eine vorfahrtberechtigte Straße. Biegt man an dieser Kreuzung scharf links ab, kommt man zum Restaurant ❹ **Lerchner's,** das mittags und abends seine mit mehreren Gourmetauszeichnungen geadelte Küche öffnet. Wir fahren auf der kleinen asphaltierten Straße links hinunter durch ein bewaldetes Tal. In einer Rechtskurve verlassen wir die Straße nach leicht links auf einen Radweg. Hier folgen wir wieder der Trasse der einspurigen Pustertalbahn durch ein enges bewaldetes Tal.

Beim Bahnhof **Ehrenburg** taucht der Weg wieder aus dem Wald auf. Wir bleiben auf der Bahnhofstraße entlang dem Gleiskörper und folgen der Wegweisung Richtung **Mühlbach,** bis wir den Ort wieder verlassen und auf dem super ausgebauten Radweg weiterradeln. Wir unterqueren die Bahnlinie und treffen auf die **Rienz,** die wir gleich auf einer Radlerbrücke überqueren. Wir fahren am Rande von **Kiens** am Fluss entlang, den wir an der nächsten Brücke wieder überqueren.

Wir folgen der Wegweisung und fahren gemütlich durch ländliches Idyll, in dem sich schattige Wälder mit Feldern und Wiesen abwechseln. Schließlich treffen wir auf einen winzigen Weiler mit dem netten **5 Landgasthof Steger.** Unser Radweg schlängelt sich weiter durch Weiden, vorbei an einzelnen Bauernhäusern und durch Wälder am Nordhang des 1744 Meter hohen Getzenbergs. Wir genießen die Stille des ländlichen Idylls abseits jeglichen Straßenlärms.

Für die Seele

Wir radeln entspannt durch grüne Wiesen, kühle Wälder, kleine Weiler und über rauschende Bäche.

Schließlich führt die kleine Straße, auf der wir unterwegs sind, über den Fluss nach **Niedervintl.** Unser Radweg zweigt aber vor der Brücke ab, um weiter am Fluss entlangzuführen. Für kunstgeschichtlich Interessierte bietet sich hier die Möglichkeit, aus dem ländlichen Idyll aufzutauchen und die Barockkirche und die kleine Kapelle romanischen Ursprungs auf dem **6 Kirchenhügel von Niedervintl** zu besichtigen.

Kirche Niedervintl

Mühlbacher Klause

Zunächst radeln wir weiter am schattigen Ufer der Rienz, bevor wir sie auf einer gedeckten Holzbrücke überqueren und nun am rechten Ufer entlangfahren. Das Tal wird enger, weshalb sich Fluss, Radweg und Pustertalstraße näher kommen. Wir erreichen schließlich den Beginn des **Mühlbacher Stausees,** unterqueren hier die Hauptstraße und fahren unmittelbar an der **7 Mühlbacher Klause** vorbei. Leider ist die Ruine nicht regelmäßig geöffnet. Sie wird hauptsächlich als Event-Location genutzt. Die Burgruine mit zwei bewehrten Toren diente dank ihrer Lage in der Talenge am Eingang zum Pustertal als Sperranlage. Sie wurde um 1460 von Herzog Sigismund von Tirol errichtet an der Grenze zur Grafschaft Görz, die bis 1500 existierte, als sie an Habsburg fiel.

*Die Barockkirche von **Niedervintl** wurde 1777 geweiht. Die kleine Kirche im Schatten des vergleichsweise riesigen barocken Kirchenschiffs wurde erstmals 1378 erwähnt, dürfte aber älter sein. Kunsthistorisch interessant sind vor allem die gotischen Fresken.*

Floriankapelle in Mühlbach

Pfarrkirche St. Helena

Wir folgen weiter dem Radweg, der an der Straße entlangführt. Nach einer Unterführung unter der Bahnlinie müssen wir über einen Zebrastreifen auf die linke Straßenseite wechseln. An einer Radweggabelung kann man links direkt zum **Bahnhof** von Mühlbach fahren, um die Rückfahrt anzutreten. Wir wollen uns aber noch den Ort anschauen und vielleicht die Aussicht von Meransen aus genießen und fahren deshalb geradeaus weiter. Wir müssen nun ein kurzes Stück auf der Landstraße fahren, bevor wir an der ersten Abzweigung in **Mühlbach** rechts abbiegen. 80 Meter weiter erreicht man die **8 Pizzeria Restaurant Mühlbacher Klause,** in der man gut essen kann. Wir biegen aber sofort wieder links ab dem Radweg weiter folgend in die **Katharina-Lanz-Straße.** Hier befindet sich die Talstation der **9 Seilbahn** zum Hochplateau von **Meransen** in 1400 Metern Höhe. Die Aussicht von dort ist fantastisch und die Fahrt für Inhaber der Südtiroler Gästekarte kostenlos.

*Mit der **Südtirol Guest Card,** die viele Beherbergungsbetriebe und Campingplätze ihren Gästen ausgeben, kann man fast alle regionalen Verkehrsmittel in Südtirol kostenlos benutzen, so auch die Seilbahnen nach Vöran, Mölten, Ritten, Kohlern und Meransen.*

Wir radeln noch etwa 100 Meter weiter durch die Gasse hinauf in den alten Ortskern bis zu einem weißen alten Gebäude, der Rückseite des **Rathauses.** Wir fahren rechts in die **Richtergasse** und erreichen den Rathausplatz und den **Kirchplatz** umgeben von schönen alten Gebäuden und einigen einladenden Cafés. Vorher sollten wir aber noch einen Blick in die sehenswerte **⑩ Pfarrkirche St. Helena** aus dem 13. Jahrhundert werfen mit ihren sehr gut erhaltenen Fresken aus dem 15. Jahrhundert. Die gotische **⑪ Floriankapelle** nebenan wurde im 15. Jahrhundert doppelgeschossig erbaut. Bei Renovierungsarbeiten entdeckte man Schriftstücke, Fresken und Statuen sowie Knochen aus der Römerzeit.

Um zum **Bahnhof** zu gelangen, fahren wir den Platz wieder hinunter, biegen beim Rathaus wieder links ab, danach aber sofort wieder rechts, überqueren die alte **Pustertalstraße** und fahren die **Rodenecker Straße** hinunter. Nach 80 Metern biegen wir links ab zum **Bahnhof,** von dem uns die Pustertalbahn zurück nach St. Lorenzen bringt.

Bei St. Lorenzen führt der ***archäologische Panoramaweg*** *zu Ausgrabungsstätten der Prähistorie und Antike. Der besonders reizvolle 4,7 Kilometer lange Wanderweg mit 16 Schautafeln führt durch Mischwald und Wiesentäler in ca. 1,5 Stunden auf den Sonnenburger Kopf.*

Bahnhof Mühlbach

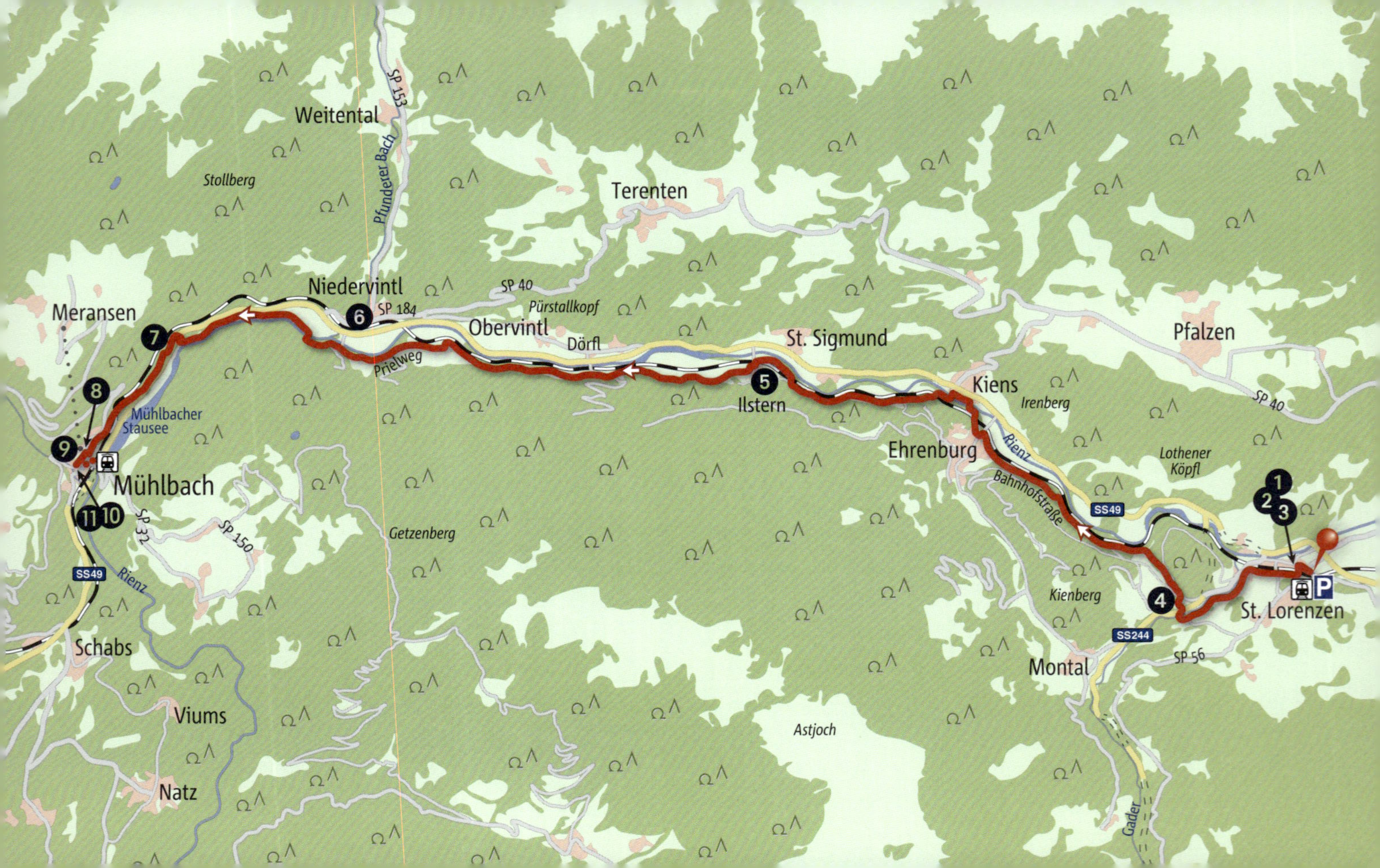
Weitental
Stollberg
SP 153
Pfunderer Bach
Terenten
Meransen
Niedervintl
SP 184
SP 40
Pürstallkopf
Obervintl
Dörfl
Prielweg
St. Sigmund
Pfalzen
SP 40
Kiens
Irenberg
Ilstern
Ehrenburg
Rienz
Lothener Köpfl
Bahnhofstraße
SS49
Kienberg
St. Lorenzen
SS244
SP 56
Montal
Gader
Astjoch
Getzenberg
Mühlbacher Stausee
Mühlbach
SP 32
SP 150
SS49
Rienz
Schabs
Viums
Natz

ALLES AUF EINEN BLICK

Entspannung 5/5
Abenteuer 1/5
Vielfalt 3/5

WIE & WANN

Asphaltierte Radwege, wenige Schotterwege, wenig Pflasterstein, Autostraße; Frühling bis Herbst.

HIN & WEG

Auto: Parkplatz am Bahnhof, Bahnhofstraße 2, 39030 St. Lorenzen
ÖPNV: Bahnhof St. Lorenzen; Rückkehr zum Ausgangspunkt ab Bahnhof Mühlbach

ESSEN & ENTSPANNEN

1 **Zur Alten Post,** Franz-Hellweger-Platz, 39030 St. Lorenzen, Tel. +39 (04 74) 47 48 01
2 **Gasthof Traube,** Josef-Renzler-Straße 13, 39030 St. Lorenzen, Tel. +39 (04 74) 47 40 13, www.gasthoftraube.it
4 **Lerchner's,** Runggen 3 a, 39030 St. Lorenzen, Tel. +39 (04 74) 40 40 14, www.lerchners.it
5 **Landgasthof Steger,** Ilstern 16, 39030 St. Sigmund, Tel. +39 (04 74) 56 96 19, www.landgasthof-steger.com
8 **Pizzeria Restaurant Mühlbacher Klause,** Meransner Straße 8, 39037 Mühlbach, Tel. +39 (04 72) 84 94 88

ENTDECKEN & ERLEBEN

3 **Museum Mansio Sebatum,** Josef-Renzler-Straße 9, 39030 St. Lorenzen, Tel. +39 (04 74) 53 81 96, www.mansio-sebatum.it
6 **Kirchenhügel von Niedervintl**
7 **Mühlbacher Klause**
9 **Seilbahn Meransen,** Katharina-Lanz-Straße 90, 39037 Mühlbach, Tel. +39 (04 72) 88 60 48
10 **Pfarrkirche St. Helena**
11 **Floriankapelle**

Einer von drei Reinbach-Wasserfällen

Tosende Wasser

Tour ins Tauferer Ahrntal

Wir starten unsere Tour in das Tauferer Ahrntal vom **Stegener Markt.** Der liegt zwischen dem Bahnhof auf der anderen Seite der Gleise und dem Fluss Rienz und gehört zum Brunecker Stadtteil **Stegen.** Er wird als Großparkplatz und gelegentlich als Fest- und Marktgelände genutzt.

Am Rande des Platzes am Flussufer verläuft ein Radweg, dem wir in östlicher Richtung folgen, also mit der Rienz links von uns. Nach 800 Metern treffen wir auf ein Stoppschild. Wir folgen hier dem Radwegweiser **Radroute Ahrntal** nach links und überqueren auf einer separaten Brücke den Fluss. Nach 70 Metern treffen wir auf die Hauptverkehrsstraße **SS 621,** die wir auf einem Zebrastreifen überqueren und ihr dann auf einem Radweg nach links folgen. Wir radeln immer geradeaus, überqueren einen beschrankten Bahnübergang und danach einen großen Kreisverkehr durch eine Unterführung. Vor uns sehen wir schon den breiten Taleingang zum Tauferer Tal, meist einfach Taufers genannt.

*Bei **Papin Sport** gegenüber dem Bahnhof Bruneck kann man Räder mieten. Die **Bikemobil Card** ist ein Ticket, mit dem man einen Tag lang alle öffentlichen Verkehrsmittel in ganz Südtirol benutzen und bei Südtirol Rad, Papin Sport oder Südtirolbike ein Standard-Fahrrad ausleihen kann.*

Nach 500 Metern entfernt sich unser Radweg von der Staatsstraße und verläuft nun auf der Trasse der ehemaligen **Tauferer Bahn.** Die eingleisige Bahnlinie von Bruneck ins Tauferer Tal wurde 1908 eröffnet, um Sand in Taufers an das europäische Eisenbahnnetz anzuschließen. 1957 wurde sie stillgelegt, und Teile der Trasse werden heute als Radweg genutzt. Wir radeln entlang einem Wohngebiet und kreuzen den **Kehlburgweg,** an dem wir Vorfahrt haben. An der nächsten Kreuzung, an der sich vermutlich ein Bahnhof befunden hat, fahren wir weiter geradeaus. Während die alte Bahn-

Kilometer: 20 (40)

Höhenmeter: 130

Stunden: 3 (4,5)

STRECKE (hin & zurück)

Radweg im Tauferer Tal

trasse hier links kaum noch erkennbar durch die Wiesen und Felder am Fluss entlang verlief, fahren wir auf der für den Durchgangsverkehr gesperrten alten Straße, die sich mit sanften Kurven durch weite Felder und Wiesen Richtung **Gais** schlängelt.

Pfarrkirche Gais

Von der leicht erhöhten Straße haben wir einen wunderbaren Blick über Gais hinweg in das Tal. Am rechten Talhang am Fuße des Rieserferner entdecken wir Almwiesen und Bauernhöfe zwischen den Wäldern. Wir erreichen schließlich Gais beim Dorfbrunnen. Alte, große Höfe und ein prächtiges Pfarrhaus umgeben die mittelalterliche **1 Pfarrkirche,** die wir uns genauer anschauen sollten. Sie ist eine der ältesten und interessantesten Landkirchen Tirols und hat trotz Veränderungen über die Jahrhunderte die ursprünglich romanische Gestalt bewahrt. Wir sehen hier eine typische dreischiffige Anlage mit einer halbrunden Hauptapsis und zwei ebenfalls halbrunden Seitenapsiden.

Wir folgen der Beschilderung und dem Verlauf der Dorfstraße, die hier eine Linkskurve beschreibt und dann geradeaus durch einen neueren Teil von Gais führt. Nach 400 Metern müssen wir auf den nach rechts abzweigenden **Radweg** auf einer schmalen Straße achten. Hier befinden wir uns nun wieder auf der alten Bahntrasse. Wir radeln stets geradeaus auf einer kaum befahrenen Straße an Sportanlagen und Gewerbebetrieben vorbei. Beim Blick nach links fällt uns das pittoreske ❷ **Schloss Neuhaus** mit eigener Kirche am Berghang auf. Es wurde von den Herren von Taufers im 12. Jahrhundert erbaut und wird heute als romantisches Hotel und Restaurant genutzt.

Für die Seele
Beeindruckende Burgen bewundern, erfrischende Wasser und die Gischt von Wasserfällen spüren.

Wo die Straße bei einem kleinen Industriegebiet eine Linkskurve macht, um die Ahr zu überqueren, geht es für uns halb rechts weiter. Wir fahren noch ein Stück auf der alten Bahntrasse direkt am Fluss entlang und verlassen die Ahr kurzzeitig, um der Radwegwei-

Schloss Neuhaus

sung durch das herrliche ❸ **Biotop Ahrauen** zu folgen. Wir treffen wieder auf den Fluss und folgen dem Ufer bis **Uttenheim.** Hoch über dem Ort klebt in spektakulärer Lage auf einem Felssporn die ❹ **Burgruine Uttenheim,** auch Uttenheimer Schlössl genannt. Bergfried, Palas und Burgkapelle, auch von hier unten deutlich erkennbar, wurden um das Jahr 1000 erbaut. Sie befindet sich in Privatbesitz.

Burgruine Uttenheim

Bei einer Brücke treffen wir auf eine T-Kreuzung, an der wir rechts und gleich danach wieder links abbiegen. Wir verlassen Uttenheim, wo die Bahnlinie einst die Ahr überquerte und bis Sand in Taufers auf der westlichen Talseite weiterführte. Wir radeln nun wieder durch Wiesen, vorbei an kleinen Bachläufen, Büschen und Bäumen, bis wir zu einer Abzweigung kommen, an der es rechts zur ❺ **Thara See Lounge** geht. Ein Abstecher dorthin verspricht Genuss und Entspannung an einem idyllischen Naturteich inmitten grüner Wiesen. Man sitzt entweder auf der langen Terrasse direkt über dem Wasser bei einer Jause, Tiroler Mehlspeise oder einem kühlen Milchshake. Oder man lässt sich einfach auf einer der Bänke oder der Liegewiese nieder und genießt den Blick auf Wasser und Berge. Wer mag, kann auch ohne Schein sein Glück versuchen und mit geliehener Angel Regenbogenforellen, Bachforellen oder Saiblinge fischen. Zur Weiterfahrt muss man nicht denselben Weg zurückfahren, sondern fährt einfach auf dem Weg weiter, hält sich links und trifft so wieder auf die Radroute.

Wir radeln weiter auf einer alten Landstraße ohne Durchgangsverkehr bis **Kematen,** wo wir eine Vorfahrt-

Thara See Lounge

Goasroscht Ziegenkäserei

straße erreichen und uns links halten. An der folgenden T-Kreuzung vor dem **Hotel Restaurant Brugghof** fahren wir rechts. Hinter dem Dorf führt der Weg am schattigen Waldrand entlang, wo wir schließlich auf die **6 Goasroscht** treffen, eine zauberhafte und urige Einkehrmöglichkeit nicht nur für Fans von Ziegenmilchprodukten (wörtlich übersetzt heißt der Hof Ziegenrast). Im Hofladen des kleinen Gehöfts aus Blockhäusern gibt es noch viele andere lokale Spezialitäten. Auf den Tisch der Hofschank kommt mit handwerklich gebrautem Bier und Weinen aus Südtirol bis hin zu hausgemachtem Ziegeneis, Kuchen und Brettljausen für jeden Geschmack das Richtige.

Reinbach-Wasserfall

Nach 300 Metern erreichen wir den Zugang zu den **Reinbach-Wasserfällen,** die man am besten von hier zu Fuß auf einem wunderschönen Pfad durch den Wald erreicht. Hier an der Straße gibt es mit der **7 Wasserfallbar** (Selbstbedienung) noch mal eine

Möglichkeit, sich mit Essen und Getränken zu stärken, bevor man den Anstieg zu den drei aufeinanderfolgenden Wasserfällen startet. Bis zum ersten braucht man etwa 15 Minuten. Unterwegs bietet der **Kugelwald** Spaß für Groß und Klein. Auf zwei Bahnen kann man Holzkugeln laufen lassen, die an verschiedenen Stationen vorbeiführen und dabei Glockengebimmel erzeugen und Hindernisse umrollen.

Wir wollen noch weiter radeln, auch wenn das Tal den Eindruck macht, hier zu enden. Hinter der Brücke über den **Reinbach** fahren wir an der kleinen **Pest-Kapelle** links bis zum Eingang des **8 Wasserwegs.** Hier haben sich Grundschule und Naturparkverwaltung einen kreativen und erfrischenden Barfußpfad mit Wassertretbecken und einigem mehr ganz im Sinne Kneipps einfallen lassen.

Wir fahren weiter den Radwegweisern folgend nach **Sand in Taufers,** das am Ende des Tauferer Tals

*Vom obersten der **Reinbach-Wasserfälle,** zu dem man ca. 40 Minuten wandert, kann man mit einer **Fly-Line** gute 5 Minuten durch den Wald bis zum untersten Wasserfall hinunterschweben (www.fly-line-wasserfall.eu).*

Pest-Kapelle

Burg Taufers

Ahr im Tauferer Tal

liegt. Wir sehen schon den weiteren Verlauf des Tals, aus dem die Ahr kommt. Es heißt ab hier Ahrntal, ist hier sehr eng und wird seit 800 Jahren von der mächtigen Burg Taufers bewacht. Wir fahren immer rechts der Ahr entgegen ihrer Fließrichtung und überqueren sie an der zweiten gedeckten **Holzbrücke.** Unmittelbar dahinter biegen wir rechts ab, überqueren die **SS 621** auf einem Zebrastreifen und radeln dann auf einem breiten geschotterten Weg direkt am Flussufer weiter. Das Tal ist hier so eng, dass für den Bau der gegenüber verlaufenden Straße Felsen gesprengt werden mussten.

Nach 400 Metern überquert wieder eine hölzerne Fußgängerbrücke die Ahr, über die man auf einem kurzen Abstecher die 9 **Burg Taufers** erreichen kann. Sie ist eine der meistbesuchten Burgen Südtirols und hat alles, was eine Burg bieten kann, wie Bergfried und Pallas, einen Innenhof mit Schmiede und Eiskeller, Wehrgänge, einen reizvollen Burggarten und 20 eingerichtete historische Räume mit alter Holzvertäfelung und die Rüstkammer. Auch eine Folterkammer darf nicht fehlen. Nicht zuletzt ist die nette **Ritterschänke** im Burghof erwähnenswert.

Nach einem knappen Kilometer treffen wir erneut auf die **SS 621,** fahren ein paar Meter an ihr entlang und kreuzen sie dann über einen Zebrastreifen. Danach überqueren wir die Ahr und biegen links ab auf einen teils gröber geschotterten Forstweg. Wir ha-

Pojen-Wasserfall

ben hier noch 400 Meter Fahrt durch schönen Wald entlang dem rauschenden Fluss vor uns. Bei einem Wanderwegweiser, der rechts Richtung **Pojen-Wasserfall** weist, stellen wir die Räder ab und gehen etwa 5 Minuten durch den Wald, bis wir den Wasserfall erreichen. Wir genießen das Schauspiel des tosenden Wassers, das die Felsenschlucht herabstürzt, und spüren die kühlende Frische auf der Haut. Man kann noch etwa 2 Kilometer auf dem Weg am Fluss weiter bis **Luttach** fahren. Da der Ort aber wenig zu bieten hat, fahren wir von hier auf genau demselben Weg zurück, den wir hierher gefahren sind.

Ahr
Pojentalbach
Pojen-Wasserfall
9
Hühnerspiel
8
SP 48
Reinbach
Sand in Taufers
7
Reinbach-
Wasserfälle
Sonnklar
Nock
6
SP 48
Mühlen in Taufers
Kematen
SP 42
Lanebach
Mühlwalder Bach
Unterwalburgen
Walburgbach
5
Kahlgeifel
Hühnerspiel
Blossberg
Ahr
Kandelknopf
SS621
4
Kandlkopf
Uttenheim
SP 81
Östliche
Bruggerspitze
Lanebacher Spitzbach
3
Rauchkopf
2
Mühlbach
Scheibe
Gais
1
Hirschbrunnerbach
Greinswalder Bach
St. Georgen
SP 68
Pfalzen
Aufhofen
SP 40
Ahr
Dietenheim
SP 97
Wielenbach
Stegen
Percha
SS49
SP 66
SS49
Rienz
SP 40
Bruneck
Rienz

ALLES AUF EINEN BLICK

Entspannung 5/5
Abenteuer 3/5
Vielfalt 4/5

WIE & WANN

Größtenteils kaum befahrene Straßen, asphaltierte Feldwege und Radwege. Wenige kurze Steigungen. Mai bis September gut befahrbar.

HIN & WEG

Auto: Stegener Marktplatz (am Bahnhof, gebührenpflichtig), 39031 Bruneck
ÖPNV: Bahnhof Bruneck

ESSEN & ENTSPANNEN

5 **Thara See Lounge,** Unterwalburgen 25, 39032 Kematen, Tel. +39 (04 74) 83 62 20, www.thara-see-lounge.com

6 **Goasroscht,** Winkelweg 39, 39032 Kematen, Tel. +39 (04 74) 67 86 87, www.goasroscht.com

7 **Wasserfallbar,** Winkelweg, 39032 Kematen, Tel. +39 (3 77) 3 12 12 22

ENTDECKEN & ERLEBEN

1 **Pfarrkirche Gais**
2 **Schloss Neuhaus**
3 **Biotop Ahrauen**
4 **Burgruine Uttenheim**
8 **Wasserweg**
9 **Burg Taufers**, Burg Taufers Weg 4, 39032 Kematen, Tel. +39 (04 74) 67 80 53

Täler und Schluchten

Von Toblach nach Bruneck

Wir starten unsere Fahrt von Toblach durch das Pustertal nach Bruneck am **Toblacher Bahnhof.** Auf der Fahrt geht es vorwiegend leicht bergab durch stille Natur, meist weitab vom Straßenlärm der Pustertalstraße. Natürlich kann man die Fahrradtour auch individuell verlängern, da der gut ausgebaute Radweg durch das gesamte Pustertal bis zum Talende nach Mühlbach führt (in Tour 13 beschrieben) und darüber hinaus bis Franzensfeste im Eisacktal. Auf der gesamten Strecke verläuft auch die Bahnlinie der Pustertalbahn, mit der man von unterwegs die Rückfahrt antreten kann.

Wer nicht mit dem eigenen Fahrrad unterwegs ist, kann direkt am Bahnhof Toblach bei ***Papin Sport Rent a Bike*** *Räder mieten und in Bruneck am Bahnhof wieder abgeben.*

2021 feierte die Pustertalbahn 150-jähriges Bestehen. 1871 wurde sie nach nur zweijähriger Bauzeit von Villach in Kärnten nach Franzensfeste angelegt und brachte dem Pustertal wirtschaftlichen Aufschwung und den Tourismus ins Tal. 1878 wurde das von der Südbahngesellschaft hier gegenüber dem Bahnhof Toblach erbaute ❶ **Grand Hotel** eingeweiht, das seine endgültige Größe durch Erweiterungen 1903 erhielt. In der wunderschön sanierten Anlage sind heute ein Kultur- und Kongresszentrum, ein Spitzenrestaurant und eine Jugendherberge untergebracht.

Im ***Toblacher Grand Hotel*** *gaben sich der europäische Hoch- und Geldadel und sogar gekrönte Häupter ein Stelldichein. Architektonisch vereint der neoklassizistische Bau Elemente der damaligen Industriearchitektur mit jenen des sogenannten Schweizer Holzstils.*

Wir fahren zunächst vom Bahnhof aus auf der **Bahnhofstraße** bis zur Kreuzung am Union Hotel und hier weiter geradeaus in die **Rienzstraße.** Während nach links der Radweg zum Toblacher See und nach Cortina d'Ampezzo abbiegt, fahren wir **geradeaus** und unterqueren eine Betonbrücke. Dem Verlauf der Straße folgend, überqueren wir unmittelbar vor einer Eisenbahnbrücke die Rienz

Kilometer: 30
Höhenmeter: 380 (bergab)
Stunden: 3
STRECKE

Grand Hotel Toblach

Richtung **Radroute Bruneck.** Am anderen Ufer unterqueren wir die alte Bahnbrücke und fahren auf dem schön asphaltierten Weg durch einen Auwald. Nach 800 Metern treffen wir auf eine kleine Straße, an der wir geradeaus weiterfahren oder nach links durch eine Unterführung der Bahnlinie einen kleinen Abstecher machen. Hier erwartet Kinder der **2 Wildpark Toblach** mit vielen alpenländischen Tierarten und auch Haustieren. Gleich nebenan kann man das **3 Komponierhäuschen** bewundern, eine einfache Holzhütte, in der Gustav Mahler in den Sommermonaten von 1908 bis 1910 einige seiner berühmtesten Werke komponierte: die Neunte, die Zehnte Symphonie sowie das Lied von der Erde. Im Sommer gibt es auch Führungen.

Komponierhäuschen

Nach wenigen Metern verlassen wir die Straße wieder und radeln auf einem neu angelegten breiten Radweg weiter zwischen Bahnlinie und Fluss. Bald erreichen wir **Niederdorf,** wo der Weg neben der Straße verläuft. Rechts liegt der **Campingplatz Olympia,** der an seiner Zufahrt gleich zwei Möglichkeiten zur Einkehr bietet: links das ④ **Restaurant Pizzeria Samyr** mit hervorragender Küche und rechts das rustikale ⑤ **La Baita** mit kleiner Speisekarte und ebenfalls leckeren Gerichten. Wir radeln weiter auf dem reinen Radweg bis zur nächsten Bushaltestelle. Hier kann man einen erfrischenden und gesundheitsfördernden Abstecher zur bestens ausgestatteten ⑥ **Kneippanlage Niederdorf** im Kurpark machen. Außer dem typischen Wassertretbecken und einem Barfußpfad gibt es noch ein erfrischendes Bad für die Arme und ein Gesichtsbecken. Im Trinkpavillon fließt Wasser der bekannten Heilquelle Bad Maistatt.

Für die Seele

Durch stille Wälder mit erfrischenden Bergbächen, einsame Täler und kühle Schluchten in imposanter Bergwelt.

Wir radeln Richtung Ortszentrum und müssen nach 500 Metern am Ende des Radwegs auf der **Frau-Emma-Straße** weiterfahren. Kurz danach erreichen wir den zentralen **Von-Kurz-Platz** mit einigen schönen Gebäuden. Eine besondere Geschichte hat das gelbe Haus des historischen ⑦ **Hotels Restaurant Emma.** Der ehemalige Schwarze Adler wurde im 19. Jahrhundert von Emma Hellenstainer übernommen, die das Hotel als charismatische Gastgeberin, exzellente Köchin und Tourismuspionierin weltberühmt machte. Seitdem trägt es ihren Namen. Im ⑧ **Fremdenverkehrsmuseum Hochpustertal** im Haus Wassermann mit schönen möblierten historischen Räumen ist ihr ein eigener Ausstellungsraum gewidmet.

Hotel Restaurant Emma

Wir radeln weiter auf der **Hans-Wassermann-Straße** und dürfen am Ortsende die Linksabzweigung nicht übersehen, wo wir abbiegen und der Radwegweisung weiter folgen. Auf einem kleinen Landsträßchen fahren wir nun durch die grünen Wiesen des Hochpustertals. Wir überqueren den vom pittoresken Pragser Wildsee kommenden **Pragser Bach** und tauchen danach in einen dichten Nadelwald ein. Danach radeln wir entspannt leicht bergab weiter durch ländliches Idyll mit Wiesen und Feldern, in denen versprengt einzelne Häuser und Hütten liegen. Langsam nähern wir uns dabei **Welsberg,** wo wir deutlich den Eingang zum Gsieser Tal erkennen, ein wunderschönes Seitental, das wir auf Tour 2 erkunden.

Unser Radweg verläuft am Rande von Welsberg ein Stück parallel zur Pustertaler Staatsstraße, bis diese in einem 1 Kilometer langen Umfahrungstunnel verschwindet. Wir folgen stets dem deutlich markierten Radweg, unterqueren dann auf einer kleinen Straße die **Bahnlinie** und biegen unmittelbar dahinter links ab auf einen Radweg. Wir überqueren kurz darauf die Rienz und radeln zuerst am Fluss und danach am Rande eines Gewerbegebiets entlang und folgen der Radwegbeschilderung hinunter in einen engen Taleinschnitt, durch den die Rienz rauscht. Wir überqueren wieder den Fluss und unterqueren danach die Brücke der Staatsstraße, die hier wieder den Berg verlässt. Noch vorbei an einer Kläranlage, tauchen wir in einen als Biotop gekennzeichneten wunderschönen naturbelassenen Auwald ein.

Nach recht langer Fahrt durch die idyllische Natur erreichen wir den **Olanger Stausee** mit türkisfarbenem Wasser, an dessen bewaldetem Ufer wir weiterfahren.

400 Meter nach dem Seeende treffen wir auf die Stauseestraße, der wir nach links folgen. An einer T-Kreuzung fahren wir rechts nach **Oberolang** und überqueren dort einen rauschenden Nebenfluss der Rienz. Hinter dem Ort erreichen wir gleich **Mitterolang,** wo in der Dorfmitte das **9 Ristorante Bar Pizzeria Christl** Südtiroler Gerichte und Pizzen bietet. Die Straße bringt uns nach **Niederolang,** wo sie nun recht steil hinunter zum Furkelbach verläuft, einem weiteren Nebenfluss der Rienz, diesen überquert und dann hinauf zur Kirche auf einer Anhöhe führt. Danach geht es wieder bergab. Wir folgen dem Verlauf der Straße durch den gesamten Ort und treffen schließlich nach der Unterquerung der Bahnlinie und einigen Kurven hinter einer Brücke über die Rienz auf ein Stoppschild. Hier biegen wir links ab auf einen Radweg neben der Straße.

Wir fahren über das Gelände eines Schotterwerks und ab dort auf einem schmalen, für den Durchgangs-

Bei Oberolang

Gold Target

Reinhold Messners Projekt ***Mountain Museum*** *umfasst sechs Museen an ungewöhnlichen Standorten: Schloss Juval, in dem er auch wohnt, die Burgruine Sigmundskron, Schloss Bruneck, ein Fort aus dem Ersten Weltkrieg, den Kronplatz (2275 Meter) und ein unterirdisches Museum am Fuße des Ortlers.*

verkehr gesperrten Sträßchen. Links von uns rauscht der Fluss, und wir können nach nur kurzer Steigung die Räder nun lange entspannt bergab laufen lassen. An einer Weggabelung unten im Flusstal halten wir uns links. Ab hier radeln wir nun weiter durch das immer enger und schöner werdende bewaldete Tal der Rienz bis nach Bruneck. Wir genießen die idyllische Natur ohne störenden Straßenlärm, da die verkehrsreiche Staatsstraße weit weg von hier verläuft. Neben der 1975 neu errichteten Eisenbahnbrücke, die die Schlucht überquert, steht noch ein alter einzelner Brückenpfeiler aus der k.-u.-k.-Monarchie, den der in Bruneck geborene Künstler Wolfgang Zingerle 2008 in das goldene Monument ⑩ **Gold Target** verwandelte.

Wir passieren ein Alperia-Umspannwerk und biegen danach links ab auf den Radweg Richtung Bruneck, der nun steil hinunter zur Rienz führt. Vor uns bietet die **Lamprechtsburg** mit der Kapelle auf einer Anhöhe über dem Wald einen äußerst romantischen Anblick. Unten im Tal angekommen, wird die Schlucht so eng, dass der Fahrradweg über mehr als 400 Meter durch zwei beleuchtete Tunnel verläuft. Danach radeln wir durch die Rienzschlucht weiter direkt am Fluss entlang. Schließlich wechseln wir über eine gedeckte Holzbrücke auf die andere Seite und unterqueren die Pustertaler Staatsstraße, die hoch über uns verläuft.

Wir erreichen die Ausläufer Brunecks und radeln immer geradeaus an der Rienz entlang, wobei wir direkt am **Freibad** vorbeifahren, bis ins das historische Zentrum. Links über der Altstadt entdecken wir den Schlossberg mit dem ⑪ **Messner Mountain Museum**

Lamprechtsburg bei Bruneck

Brücke über die Rienz

Altstadt Bruneck mit Schloss

Ripa. Im Stadtzentrum sehen wir links einen kurzen gepflasterten Weg, an dem sich eine öffentliche Toilette und eine kostenlose E-Bike-Ladestation inklusive Ladegerät befinden. Der Pflasterweg führt uns zum **Oberragen,** einer leicht zu einem Platz erweiterten Altstadtgasse direkt unter dem Schlossberg.

Wir gelangen durch das **Ragentor** in die **Stadtgasse** mit schönen alten Häusern und zahlreichen Geschäften. Wenn man die Gasse durch das **Rienztor** nach rechts gleich wieder verlässt, erreicht man links hinter der Brücke das Restaurant und Enotheque **⑫ K. Bernardi,** ein wunderbarer Ort, um sich im schicken modernen Lokal oder auf der lauschigen Terrasse direkt am rauschenden Fluss kulinarisch verwöhnen zu lassen. Auf der anderen Straßenseite befindet sich der **⑬ Gasthof Weißes Lamm,** in dem schon Andreas Hofer eingekehrt ist, mit seiner holzvertäfelten Tiroler Stube.

Wir folgen der Stadtgasse weiter und verlassen sie durch das **Ursulinentor.** Hier können wir rechts noch einen Blick in die mittelalterliche **Ursulinenkirche** werfen mit ihren Fresken und der Krypta. Um zum **Bahnhof** zu gelangen, biegen wir an der Kreuzung mit Ampelanlage links ab auf den Radweg links neben der Michael-Pacher-Straße. An der nächsten Kreuzung mit Ampel zweigen wir wieder rechts ab, um direkt auf den Bahnhof zuzufahren.

Speckmuseum

In Bruneck in der Stadtgasse 55 A sollte man unbedingt einen Blick in den Delikatessenladen von ***Tito Speck*** *werfen. In seinem Speckmuseum im mittelalterlichen Kellergewölbe hängen die Decken voll mit Speck.*

K. Bernardi

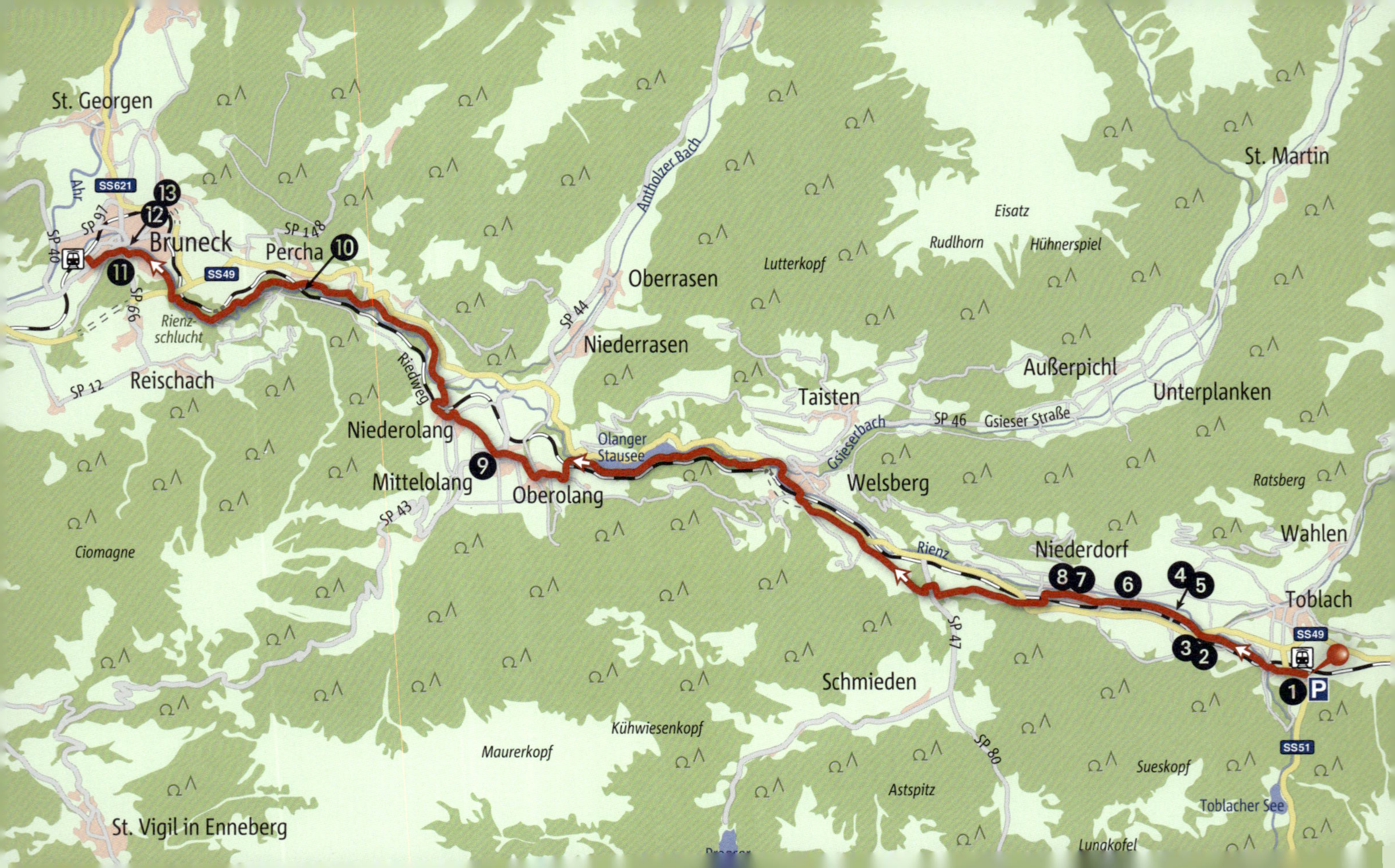

St. Georgen
St. Martin
Eisatz
Rudlhorn
Hühnerspiel
Lutterkopf
Antholzer Bach
Oberrasen
Niederrasen
Bruneck
Percha
Ahr
SS621
SP 97
SP 40
SP 148
SS49
SP 66
Rienz-
schlucht
SP 12
Reischach
Riedweg
SP 44
Außerpichl
Unterplanken
Taisten
SP 46
Gsieser Straße
Gsieserbach
Niederolang
Mittelolang
Oberolang
Olanger
Stausee
SP 43
Welsberg
Ratsberg
Wahlen
Niederdorf
Rienz
Toblach
Ciomagne
SP 47
Schmieden
SS51
SP 80
Kühwiesenkopf
Maurerkopf
Astspitz
Sueskopf
Toblacher See
Lunakofel
St. Vigil in Enneberg

ALLES AUF EINEN BLICK

Entspannung

Abenteuer

Vielfalt

WIE & WANN

Vorwiegend asphaltierte Radwege, kurze Abschnitte auf Autostraßen; am schönsten Frühling bis Herbst.

HIN & WEG

Auto: Parkplatz am Bahnhof, 39034 Toblach
ÖPNV: Bahnhof Toblach; Rückkehr zum Ausgangspunkt: Bahnhof Bruneck

ESSEN & ENTSPANNEN

4 **Restaurant Pizzeria Samyr,** Camping 1, 39034 Niederdorf, Tel. +39 (04 74) 78 00 15, www.samyr.com
5 **La Baita,** Camping 1, 39034 Niederdorf
7 **Hotel Restaurant Emma,** Frau-Emma-Straße 5, 39039 Niederdorf, Tel. +39 (04 74) 74 51 22, www.hotel-emma.it
9 **Ristorante Bar Pizzeria Christl,** Kerlastraße 1 a, 39030 Mitterolang, Tel. +39 (04 74) 49 82 12, www.christl.bz
12 **K. Bernardi,** Stuckstraße 6, 39031 Bruneck, Tel. +39 (04 74) 37 01 86, www.bernardi-karl.it
13 **Gasthof Weißes Lamm,** Stuckstraße 5, 39031 Bruneck, Tel. +39 (04 74) 64 61 84

ENTDECKEN & ERLEBEN

1 **Grand Hotel Toblach**
2 **Wildpark Toblach,** Altschluderbach, 39034 Toblach, Tel. +39 (04 74) 97 23 47
3 **Komponierhäuschen,** Altschluderbach 3, 39034 Toblach, www.mahlernaturklangpark.com
6 **Kneippanlage Niederdorf**
8 **Fremdenverkehrsmuseum Hochpustertal,** Hans-Wassermann-Straße 3, 39039 Niederdorf, Tel. +39 (04 74) 86 23 31
10 **Gold Target**
11 **Messner Mountain Museum Ripa,** Schlossweg 2, 39031 Bruneck, Tel. +39 (04 74) 41 02 20, www.messner-mountain-museum.it

Die GPS-Daten zu jeder Tour gibt es auf
www.droste-verlag.de

Konzeption/Satz: Droste Verlag, Düsseldorf
Einbandgestaltung: Britta Rungwerth, Düsseldorf, unter Verwendung von Bildern von © Fotolia.com: Andrey Kuzmin, undrey, dabost, niroworld; © www.stock.adobe.com: Claudio Colombo
Fotos: Ernst Wrba
Textlektorat: Christoph Nettersheim, Nürnberg
Karten: Thorsten David, Bochum
Druck und Bindung: LUC GmbH, Greven

Alle Angaben in diesem Buch wurden sorgfältig recherchiert und geprüft. Für die Richtigkeit der Angaben, für etwaige Unfälle und Schäden jeglicher Art kann keine Haftung übernommen werden; die Nutzung erfolgt auf eigenes Risiko. Abweichungen, die nach Redaktionsschluss erfolgten, konnten im Buch nicht mehr berücksichtigt werden. Hinweise und Änderungen nehmen wir gern entgegen.

FSC www.fsc.org
MIX
Papier | Fördert gute Waldnutzung
FSC® C011279

ISBN 978-3-7700-2494-0
www.droste-verlag.de